旅微笔记系列

# 漫步 梵蒂冈博物馆

Rambling in the Musuem of Vatican

江西美术出版社
全国百佳出版单位

## Part 1　欧洲大陆上的迷你国



## Part 2　梵蒂冈博物馆艺术珍品

## Part 3 作为博物馆的梵蒂冈



## Part 4 玩转罗马

# Part 1
# 欧洲大陆上的迷你国

梵蒂冈城国（The Vatican City of Rome），简称梵蒂冈，是全球最小的城邦国家，总面积 0.44 平方公里。梵蒂冈是天主教会最高权力机构——圣座的所在地，也是天主教会最高领袖——教皇的驻地所在，世界天主教的中心。

## 499

5 世纪末，罗马主教掠夺土地。

## 555

查士丁尼大帝将罗马城的实际统治权授予罗马主教。罗马主教宣称自己为“教皇”，并建造“老圣彼得大教堂”（已毁）和梵蒂冈宫。

## 756

法国君王丕平即位后，为了酬谢教会相助，把他夺到的意大利中部一部分土地，包括罗马周围地区，送给罗马教皇，史称“丕平献土”。它使得教权凌驾于王权之上，奠定了教皇国的基础。

## 1309

法裔教皇克勉五世遗弃梵蒂冈驻地迁去法国的南部阿维尼翁，建立新的教皇国。

## 1377

额我略十一世将教廷迁回梵蒂冈，结束了教廷阿维尼翁时代。

## 1378

额我略十一世在迁回罗马仅仅一年之后便毙命。天主教内部出现大分裂，梵蒂冈和阿维尼翁分别选出新的教皇，欧洲各国根据自己的政治利益分别聚拢在不同的宗教势力旁。

## 1418

德国康斯坦茨召开的大公会议终于选出了各方一致认可的教皇马丁五世，分裂结束。

## 1517

德国神学家马丁·路德发表《九十五条论纲》，鞭笞梵蒂冈内部的腐败，要求宗教改革。这场运动使全欧洲分为天主教与新教两大阵营。新教否认天主教教义，动摇梵蒂冈在西欧的宗教垄断地位。欧洲大陆上接着发生了 17 场天主教教徒与新教教徒之间的宗教战争，殃及千万无辜百姓的性命。

## 1867

意大利北部的萨丁尼亚王国掌握了意大利半岛上所有的国土，万事俱备，只欠东风，唯独缺了意大利人心目中的首都罗马。被当时法国军队保护的“教皇国”不仅控制着罗马城和梵蒂冈，还控制着意大利中部的大部分领土。

## 1870

普法战争期间，意大利王国乘拿破仑三世调回驻罗马的法国军队之际，出兵攻打依附于法国的教皇国，趁机攻入罗马——教皇国最后一座堡垒，彻底统一了意大利。时任教皇庇护九世被困于梵蒂冈，教皇国形同灭亡。面对这种情况，此后的历任教皇均不屈服，将自己的活动范围限缩于梵蒂冈宫，表示抗议，他们被称为“梵蒂冈之囚”。梵蒂冈教廷与意大利王国之间的对峙，就这样延续了 49 年。

## 1926

为解决“教皇国”的争议，当时的意大利纳粹总理贝尼托·墨索里尼代表意大利国王与梵蒂冈教廷代表多禄·加斯帕里进行协商，最后达成的协议成为《拉特兰条约》的初稿。

## 1929

1929 年 2 月 11 日在罗马拉特兰宫正式签署《拉特兰条约》。该条约签订后，教皇国正式解体，由新建立的梵蒂冈国取代，2 月 11 日也就成为了梵蒂冈国的国庆节。

## 1945

意大利在二战后废除君主制，改行共和国制，但依然尊重《拉特兰条约》，承认梵蒂冈作为独立国家的合法地位。梵蒂冈以独立主权国的身份广泛地与各国首脑建立外交关系，时至今日成为全球面积最小，但影响力巨大的独立主权国家。

# 1/ 十二亿天主教信徒的圣都

如今的梵蒂冈国接受天主教圣座教皇的直接统治，实施政教合一的体制。本城以圣彼得大教堂作为参照点，三面扩散，逐渐兴建了教皇府衙、教廷宫殿（今梵蒂冈博物馆）、后花园以及若干私人建筑。1984 年，整座城邦都被 Unesco——联合国教科文组织列为世界人文遗产，可见梵蒂冈的建筑群在人类艺术史上的重要地位。

教廷宫殿参差摆放着举世闻名的艺术珍品，号称藏有世界上最多的文艺复兴和巴洛克时期的美术杰作。教廷宫殿改建后的博物馆在 18 世纪起开始对公众开放，使得梵蒂冈从天主教信徒的朝圣之都摇身一变成为全球艺术爱好者魂牵梦绕的必经之地。虽然梵蒂冈在世界地理上是一个迷你小国，但它在文化、宗教与艺术等领域对人类历史做出过巨大贡献。另外，这个看似不起眼的城邦国其实有巨大的经济收入：旅游业发展迅速，不仅每年有千万游客络绎不绝地拜访，梵蒂冈作为天主教——这个占据全球六分之一人口的宗教圣都，来自信徒们的捐赠更是源源不断。时至今日，教皇的一言一行都对全球政治面貌发挥着重要影响，如此一来，她反倒成

贝尔尼尼所设计的巨型柱廊

为名副其实的宗教、政治、经济“大国”。

梵蒂冈城内大约有830名常住居民，大部分是神职人员，包括教皇本人、大主教群、神父、修女，以及著名的教廷捍卫军，俗称瑞士近卫队。另有大约3000名世俗人员，他们是梵蒂冈的主要劳动力，分别是博物馆的管理和看守人员，教廷建筑群的维修和搭建工人等等，但均不住在梵蒂冈城内。

有趣的是，梵蒂冈一直未颁布官方语言，但是罗马教廷在正式的书写文件中，千年以来一直使用着拉丁语，而教职人员的日常沟通则是意大利语甚至罗马方言。但在教廷近卫队中，来自瑞士的年轻小伙子们统一操着德语工作。

梵蒂冈的建筑是文艺复兴晚期和巴洛克艺术的结合体，

1
2
3 | 4

1. 现任教皇方济各在圣彼得广场上和群众握手问好
2. 招人喜爱的小天使雕塑是梵蒂冈圣彼得大教堂巴洛克式内部装潢无可替代的元素
3. 贝尔尼尼给梵蒂冈广场所设计的喷泉在灯光的照耀下静穆和谐
4. 海鸥懒散地栖息在圣彼得大教堂上鸟瞰罗马全城

拿圣彼得广场——这个梵蒂冈大教堂前面的广场举个例子，其修建于1656年—1667年间，可同时容纳15万人，广场外围是梵蒂冈和意大利的国界，内部则是来自世界各地的天主教信徒们聚集庆祝重大宗教节日活动的场所。这个举世闻名的广场把西欧建筑艺术推向了一个新高潮。广场总设计师贝尔尼尼用284根圆柱撑起了两排巨型列柱长廊，长廊上方共塑造有140位基督教圣徒。空间运用堪称巧妙独特，让巴洛克艺术在这处建筑中得到了极致的发挥，使得视觉效果震撼无比。

广场上除了观光客之外，还经常会出现步行了几千公里的朝圣者、吃着冰淇淋的修女、看着报纸读着圣经的神父、身着华丽长袍的主教和远近闻名的教皇贴身保镖——穿着彩服的瑞士近卫军。教皇在重要的宗教节日时，会站在圣彼得大教堂的二楼阳台上给信徒们做节日演讲，此时广场上定是人山人海。需要记住的是：教皇周日的例行演讲并不在圣彼得大教堂里，观众需要在广场北面的行政楼寻找他的踪影。每逢周日正午十二点，教皇会出现在行政楼最高一层右数第二个房间里，发表周日祷文。但如果天气允许，又恰逢重要的宗教节日，教皇则会到广场上与信徒们亲密互动。

无论是在影视作品中还是在文学词库里，梵蒂冈都充满了神秘的色彩，捧着本书寻找艺术的你不用着急，接下来我们就一层层地揭开她神秘的面纱。

# 2/ 参观梵蒂冈前的必备攻略

因为梵蒂冈是欧洲独有的神权统治的国家，地方虽小，却拥有独立国家的一切主权，所以本地的法律和欧洲任何其他的民主国家非常不一样，体现了国中国的特色。无论你是其他宗教门派的信徒还是坚定的无神论者，在宗教氛围浓厚的梵蒂冈国境内，都一定要谨言慎行，不要出口妄评天主教的宗教事务或者对任何神职人员背后讥讽、指指点点。无论之前你是在哪里读到过有关教廷的负面新闻，但在你跨越国界后，都请一定保持立场的中立，毕竟谁也不喜欢冒昧的外国游客和有伤国体尊严的言行举止。所以为了中国的形象，在梵蒂冈游览任何景点前，尤其是在特殊、宗教话语敏感的景点前，切记发扬国人惯有的文明礼貌、谦虚敬人的传统美德，以免造成不必要的麻烦。

梵蒂冈对公众开放的游览区只有三处：博物馆、圣彼得大教堂、圣彼得广场。剩下的楼房不是主教们的私人住所、花园，就是天主教教廷的行政议会楼，皆为禁区，请不要在没有工作人员的许可下随意出入。

放眼望去，梵蒂冈博物馆是全欧洲唯一一个对参观者的着装有要求的艺术博物馆。它虽然不是圣彼得大教堂这种举行宗教朝拜的地方，但同样受到宗教国的法律制约，所以对参观者的着装有硬性要求。切记切记！无袖 T 恤，过度袒胸的紧身衣，超短型沙滩裤，迷你裙，帽子，面纱等都是一律禁止的。所以一定要提前做好准备，让自己穿着得体，避免不让进馆的尴尬。如果你没有提前做好准备，并且是身穿夏季短衣短裤来参观梵蒂冈的，可以在肩上和腿上分别围一圈丝巾，遮住胸、肩膀和大腿部位，方可进入。

举世闻名的梵蒂冈博物馆与大英博物馆、卢浮宫博物馆齐名，每年接待近600万游客，已经超过了千年不倒的罗马角斗场，成为意大利境内接纳旅客人次最多的游览点。所以对那些想安静地欣赏艺术作品，又不愿在门外排几个小时队的你来说，一定要记住早起的鸟儿才有虫吃。夏季排队通常在1——3个小时，即使在10月底这样的旅游淡季，你也有可能会遇见20到30分钟的队伍。在排队期间，谨防扒手。同时你一定会遇见说着八国语言、挂着假工作牌的拉客黄牛，他会告诉大家报团就可以迅速入馆什么的，都请格外小心。这群人中很多都没有合法的营业执照，价格高昂，服务质量低下，欺骗善良的游客。罗马官方近年来对此大力整顿，却收效甚微。所以最节约时间、最省钱省心的办法就是提前在梵蒂冈博物馆的官网上订票，参观者只需在博物馆门口排专门的网络预约票队伍，便可以迅速进馆。

全票16欧元，25岁以下的学生半票8欧，官网订的免排队票需附加4欧服务费。如果不是由于如博物馆组织紧急疏散等特殊原因，付款后的门票皆不予退票，并只允许当日使用。博物馆周一至周六9:00——16:00可以入场，18点

闭馆，闭馆前半个小时开始清场。周日不开馆，但是每个月的最后一个周日除外并且免费，从早上9:00——12:00可以入场，14点闭馆。年度节假日闭馆：1月1日和6日、2月11日和22日、3月19日和28日、6月29日、8月15日、11月1日、12月8日和26日。地铁A线的Cipro・Musei Vaticani是离博物馆最近的地铁站。

语音讲解器7欧元一台，无折扣价，是馆内唯一能找到的中文讲解服务，非常有用。并支持以下语言：意大利语，英语，法语，德语，西班牙语，葡萄牙语，日语，韩语。

梵蒂冈博物馆藏厅约有230余间，共计5公里的艺术长廊，如果你想停下脚步慢慢观赏，那么请准备好最少4个小时的参观时间。尤其是一大早就去朝圣珍品的艺术爱好者，建议你提前准备好食物与饮料。但切记，在展览室里是禁止饮食和喝水的，但你可以在庭院里和休息区里进膳。当然，阳光好的时候，一定要在梵蒂冈博物馆的松果中庭里野餐一番，惬意无比。

博物馆虽然整体浩大，但每个展览室的面积却相对偏小。游客一多就容易产生拥挤，而且只有一条规定好的路线，所以大家都是不断地在往前走，没有后退路，最后绕了一圈才又回到了入口的大厅。爱艺术的你一定要选择人少的时候去，比如大清早、闭馆前、冬日淡季等。如果机会不巧，又逢旺季，那么就在感兴趣的作品前多停停，不要被人潮吓到被迫往前涌，同时请贴身保管好你的私人物品。

由于近年来很多游客在不关闭闪光灯的情况下给壁画拍照，导致不少作品褪色速度加剧，所以梵蒂冈索性在拉斐尔壁画馆和西斯廷礼拜堂内禁止一切拍摄仪器的使用，而且根据梵蒂冈博物馆的规定，工作人员甚至有权没收违章游客的设备，所以请收起你的手机和相机，把记忆留在脑海里。虽然在其他展厅是允许拍照摄影的，但是自拍杆、闪光灯同样被禁止。在博物馆内不要大声喧哗、不要碰触作品、文明礼貌谦让有序，这些国际通行的惯例不用多言。存衣处是全人工服务，可以免费寄存衣物、食物、行李等。切记，自拍杆、三脚架、雨伞、尖锐刀具必须提前寄存，以免被安保强制中途折返。

逛完博物馆后，可沿着城墙走去圣彼得广场，进入圣彼得大教堂，开放时间为7:00——18：30。

一般而言在不打扰到教堂礼拜仪式的情况下，穿着得体的游客不分老弱病残、种族信仰都可以免费进入意大利的任何基督教堂。梵蒂冈圣彼得大教堂作为全球最大的天主教堂自然首当其冲，免费地接纳所有尊重礼仪的参观者。所以请忽略在教堂外卖特价票的“工作人员”，他们虽然手撑广告牌，身挂工作证，但都是推销贩卖的黄牛。所有参观者只需在圣彼得广场守序地排队过安检后，即可入内。

起初迷茫的你，终于可以放松心情，因为万事俱备，只欠东风，梵蒂冈神秘之旅就要开启了！

# Part 2
# 梵蒂冈博物馆艺术珍品

梵蒂冈博物馆与大英博物馆、法国卢浮宫并称为欧洲最重要的三大博物馆，但梵蒂冈以藏有数量最多的文艺复兴和巴洛克时期的作品称霸于世。博物馆的前身是教皇的私人住所，它至今都连接着教皇的私人花园，绝大部分作品都是历代教皇们的私人收藏。

# 1/ 必去景点

把自己沉浸在浩瀚无比的博物馆艺术品的汪洋里，是我们此行的目的，但是别忘了，梵蒂冈博物馆本身就是一座建筑艺术杰作，其内含有众多建筑家们的智慧结晶，他们创作出十分有趣的建筑结构样式。更不要忘记，博物馆的前身可是教皇的私人寝宫，建筑家们呕心沥血、费尽心思不仅是为了保证教皇住所的安全、静谧、私密，还要考虑到历代教皇们个人日常生活起居方面的挑剔要求，而且还不能忽视所有的建筑元素都必须体现教皇的特殊身份。寝宫内部装饰繁复重叠，镶金作品处处可见。这里不仅拥有富丽堂皇的正室，还遍布数不胜数的暗道、密室与活板门，可使教皇随时躲避任何被刺杀的危险。这些秘密通道如今都统一修改为连接不同画室的公共走廊，所以当你沉浸在匪夷所思的巴洛克艺术巅峰的巨型画廊里的时候，或许还能在某个拐角处感受到教廷当年风起云涌的密谋和尔虞我诈的血腥纷争。

梵蒂冈博物馆的现实版 Logo 屹立在在大门之上

梵蒂冈博物馆

地址：Viale Vaticano, 00165 Roma 开馆时间：除节假日外一般 9:00AM — 4:00PM 电话：0039-06-6988-3332 ttp://mv.vatican.va

## 01/ 观景台庭院

观景台庭院是梵蒂冈博物馆唯一可野餐的大型露天广场，是伯拉孟特在1506年依文艺复兴晚期的艺术风格所修建的。起初是设计给教皇用来阅兵的广场。广场连接诺森八世的宫殿与西斯廷礼拜堂，大幅度缩短了教皇们从自己的寝宫到正式工作场所的路程。在庭院修建结束前，建筑师伯拉孟特就离世了，皮罗·里格力接手了这个工程，并增加了墙壁、壁龛和梵蒂冈图书馆。这些新建筑将观景台一分为二，庭院的上半部分——松果中庭，得名于4米高、象征丰收愿望的青铜制松果。它曾是罗马万神庙广场喷泉的一部分，内部嵌有水管，顶端喷水水柱可高达5米，在千年前的古罗马时期，如此技术工艺堪称奇观。但它在年久失修的情况下，于1608年被搬移到现在的位置，屹立在梵蒂冈观景台的巨大壁龛里。因为此处没有下水管道衔接，所以喷泉彻底成为了一座雕塑。喷泉两侧的青铜孔雀是皇帝哈德良陵墓装饰的复制品，孔雀向来是古罗马帝王的高贵血统的象征。庭院的下半部分如今已被建筑群所覆盖，成为庇奥·克里门提诺博物馆。这处庭院是参观者小憩的好地方，也是博物馆内唯一可以室外就餐的位置。

值得一提的是，意大利当代雕塑家阿纳尔多·波莫多罗在上个世纪给观景台庭院设计了一个装饰艺术品——俗称“球

1 | 2 / 3

1. 松果中庭的标志性喷泉如今再也无法喷水
2. 梵蒂冈博物馆的松果中庭是个沐浴阳光惬意野餐的好地方
3. 阿纳尔多·波莫多罗设计的“球中球”是梵蒂冈博物馆内为数不多的当代艺术作品

中球”。在摆满古罗马时期的大理石雕塑的梵蒂冈博物馆内，放置如此巨大的金属作品，曾让很多艺术批评家感到不满，认为它破坏了馆内其他收藏品的和谐美。但馆长却义正严辞地回应道：“博物馆在对公众开放以来，一直在扩充藏品，每年均会有一组当代艺术作品进入馆内。”“球中球”其实表达的是意大利人伽利略与波兰人哥白尼在16世纪的天体学理论。“天球”包含“地球”，作品的齿状代表地球的凹陷与破裂。这么一来，这个看似格格不入的笨重金属球，其实是在美学上起到了连接古今的作用。

## 02/ 地图画廊

梵蒂冈博物馆的“地图画廊”，是建筑群西侧的一处艺术长廊，长 120 米，宽 6 米，也是连接美景宫和使徒宫的楼廊。教皇额我略十三世在 1580 年雇佣意大利著名地理学家，同时也是一位出色的画家伊尼阿左 · 但提，在这间走廊的墙上分别绘制了所有意大利行政区的地图壁画，如今成为世界上最大的地图画廊。

在伊尼阿左 · 但提接受任务后，共花了三年时间完成了整整 40 幅巨型地图壁画，这些壁画覆盖了走廊的两侧。每幅画高 4 米，宽 3 米，详细地描绘出 16 世纪时期，意大利半岛上各个大区以及在地中海上所拥有的主要岛屿和港口。历史学家认为，这间富丽堂皇的地图画廊是艺术、地理和政治的结晶，因为这些珍贵的壁画不但反映出 16 世纪意大利文艺复兴时期的地理知识水平和地图绘制能力，而且还能充分表现教皇当时向意大利周围扩张的政治企图。比如，当今属于法国的科西嘉岛也被涵盖在壁画群中，而此岛在历史上从未被意大利或教皇国统治过。走廊北侧的门梁上有一段用拉丁文书写的题词 :“走廊两侧的地图分别是描绘纵贯意大利半岛的亚平宁山脉两侧的土地。在地图画廊里，从南到北行走时，

艺术家巧妙地运用建筑的内部空间，使用雕塑，浮雕，壁画，镶金工艺等多种表现手法让这座长廊蓬荜生辉

犹如由北向南地走在意大利亚平宁山脉的山脊上一样，两边的行政区依次展开”。每幅壁画都是用金箔来镶边，画上不仅用拉丁文标明了城市名称，还细心地标注了所绘城市的经纬度，对文艺复兴时期开始意识到科技重要性的僧侣而言，这座画廊实则是本巨型的地理教科书。

地图画廊里是整个梵蒂冈内部装饰最繁复的长廊，
左右两侧共用 40 幅地图壁画，天花板上两百余幅

同时这里也堪称梵蒂冈博物馆中装饰最华丽的区域，因为不光左右两侧的墙壁绘满了地图画，天花板上还有超过 200 幅的艺术作品。他们均由伊尼阿左·但提的弟弟安多尼奥·但提负责绘制，弟弟在哥哥的陪同下花了五年的时间在天花板上创造出 24 幅描绘圣经中殉教圣人寓意题材的作品和 51 幅描绘圣徒们曾在意大利半岛上施展神技的历史题材的作品。天花板上的圣经故事的发生地点全部和下方壁画上的地图一一对应。此外，他在天花板上还绘制了超过 100 幅的古希腊和古罗马神话人物的故事，并用拟人的手法来描绘各种美德，如衷心、勇敢、慈悲、宽恕等等。工作量之大，人物之多，甚至超过米开朗基罗的西斯廷礼拜堂的天顶画。

## 03/ 梵蒂冈图书馆

梵蒂冈图书馆的创立可追述到公元4世纪时期的古罗马，当时它还是个不起眼的地方，书记官在此杂乱地摆放着记满宗教礼仪的羊皮纸、日常开支的账单和潦草的行政决议的卷轴。一直到千年后的文艺复兴运动展开，人文主义尚学的思想开始逐渐取代中世纪的黑暗，藏书量迅速增多，到14世纪中叶，手工精美绘制的装订书籍多达2000多册。然而面对世纪末的西方教会的大分裂，法国的阿维尼翁和意大利的罗马同时出现了一位教皇，并互相宣称对方非正统。法国、西班牙、弗拉芒、那不勒斯、苏格兰的国王均向阿维尼翁的新教皇靠拢，以压制梵蒂冈的教廷势力，使得梵蒂冈的权威大幅下降，进贡品和教徒募捐的收入极度缩水，导致无力维护图书馆和其他宫殿的日常开支，大部分的藏书逐渐消失于教廷图书馆而流落民间，不复存在。百年之后，梵蒂冈恢复唯一正统教皇国的宗教地位，教廷盈利逐渐恢复。教皇尼古拉斯五世便开始在梵蒂冈内重建教廷图书馆，在原有图书的基础上增加馆藏，大量购书，不久便形成1200册的藏书规模，成为15世纪意大利最重要的图书馆。到1455年，尼古拉斯五世去世时，藏书已增至1500百册，成为当时欧洲规模最大的图书馆。教皇西斯克特四世就职后，派人用三年时间建成图书馆宫殿，并于1475年任命人文学者普拉蒂纳担任馆长。普拉蒂纳实行开放政策，以便公众能利用该馆藏书，并编制了馆藏目录。这样，其藏书从1475年的2500册增加到1484年的3500册，其中拉丁文书籍约占三分之二，希腊文书籍约占三分之一。图书馆亦分为公用图书室、珍本图书室和教皇私用图书室三大部分，除珍贵无比的圣经手抄本之外，图书馆内还收藏着绘画、硬币、浮雕、有色玻璃、陵寝装饰品、木雕、水晶宝石、铜器、珐琅、象牙等物。从此，梵蒂冈图书馆发展为天主教会的中央图书馆，其馆藏到20世纪70年代后期已达90多万册图书和7万件手稿，与众多珍奇异宝一起，成为世界上最著名的珍本书籍储藏馆。然而图书馆于1984年翻修后，2010年重新对公众开放时，馆内已无藏书，只剩下墙壁和天花板上的草本样式的图形装饰和百位圣经中的人物绘画。旧有的图书馆本体则被纳为梵蒂冈博物馆。虽

1 | 2
3

1. 目前为止所发现最古老的用波斯文所写的《马太福音》

2. 第一部用古日耳曼语所写的天主教历史

3. 桑德罗 · 波提切利根据但丁的《神曲》在 1480 年所绘的《地狱深渊》

然里面再无图书和藏品，可是参观者们仍可以一赏装饰繁复的壁画与天顶。为了保护百年历史的珍贵藏书，所有的珍奇异宝和书籍都被转移去了走廊尽头的新图书馆。它大门紧闭，不再接受公众的参观，只供天主教神学、史学和艺术学相关的研究学者们使用。梵蒂冈每年准许 4000——5000 位学者入馆研究，学者必须拥有本科以上的学历，并附带大学或研究所的推荐信方可入内。有且只有教皇才可以把藏书带出图书馆,而且阅览室内严禁携带食物和笔,连矿泉水也不得携入。目前图书馆藏书 160 万册，其中 75000 册是手抄本，其中包括一部公元 350 年的圣经，就是所谓“梵蒂冈抄本”，是已知年代最久的圣经。还有一部用 1.5 公斤黄金装饰书页的圣经。我们可以根据史料记载，例举一些图书馆的藏品，如桑德罗 · 波提切利根据但丁的《神曲》在 1480 年所绘的《地狱深渊》。用波斯文所写的《马太福音》，是世界上发现的最古老的用波斯文撰写的基督教圣经。另外，冯 · 普鲁姆在 860 年所写的《殉教史》，是第一部用古日耳曼语所写的天主教历史。

虽然图书馆如今已无藏品，但参观者还能从天顶画和壁画中感受到往日的辉煌

## 04/“莫莫”楼梯

1505 年，伯拉孟特为教皇的寝宫，特别设计了一座六层楼高的双向螺旋型楼梯，30 支壮美奢华的多利安柱贯穿其中，不再设置台阶，而以人字形石板铺设地面，使得马车可以方便快捷地自由行驶。当时的教皇儒略二世大大犒赏了建筑师伯拉孟特，大赞他天才般的创新设计方案，使得教皇再也不用拖着厚重的祭袍爬上六层楼高的寝宫，从此他可以舒舒服服地坐在马车或者人力轿里自由出入。巧妙的双向螺旋型的特殊设计，是为了保证使用者们在上下楼梯时不再出现堵塞的现象，因为上下楼的双方从此不会在楼梯上直接碰面，但却还能在楼梯间互相观望。如今这组 500 多年历史的楼梯被列为世界人文遗产，不再对外开放。

在 400 多年后的 1932 年，意大利当代设计师朱塞佩·莫莫以当年伯拉孟特前辈的双向螺旋型楼梯为参照，为梵蒂冈博物馆的出口设计了举世闻名的“莫莫楼梯”，又名“蛇形楼梯”。在莫莫楼梯建设之前，梵蒂冈博物馆的出入口经常因为人流过大而引起堵塞。如今 15 米宽的双向螺旋型的“莫莫楼梯”借用 400 年前的智慧，成功地解决了这个问题，保证了梵蒂冈博物馆的出入口的通畅。莫莫楼梯的建筑结构美观至极，在建成后不久便成为梵蒂冈最受欢迎的拍摄地点之

天顶上的巨型天眼可以让莫莫楼梯的每一层都能被自然光所笼罩

一。它的扶手经过设计师朱塞佩·莫莫仿古风地精心打造，花纹草本图案浇筑穿插其中，是设计师向文艺复兴时期的艺术风格表达敬意的方式。另一方面，他在天顶上开出一个巨型天眼，并搭上透明玻璃，使得楼梯的每一层都能被自然光所笼罩，是讲究美观与实用巧妙结合的现代建筑风格的代表。博物馆在本世纪初再次被改良，设计师为博物馆开通了新的入口，所以读者只会在出口处遇见这座大名鼎鼎的巨型楼梯，它是你在离开博物馆前最后一处值得留念的地方。

# 2/ 雕塑

近水楼台先得月，梵蒂冈身处古罗马帝国的首都，毋庸置疑坐拥数以万计、品质精良的古罗马艺术品。不仅如此，本馆还藏有数不胜数的古希腊的艺术珍品，因为在公元前164年柯林斯战役后，古罗马彻底击败古希腊，对其实行全面统治。古罗马借机烧光掠夺多处古希腊遗址，搬运大批文物，同时在古希腊臣服于古罗马后不久，每年也被迫向战胜国进贡艺术珍品，以此表示对古罗马政治势力的屈服。所以，西方史学界一直流传着一句名言："伟大属于罗马，而光荣属于希腊。"因为古罗马在军事上彻底击败了古希腊，然而古希腊文明却没有断根，它不仅被古罗马人翻制，还被古罗马人继承。他们不光照搬了古希腊的神学、哲学和科学，而且在文学与艺术领域，都堪称古希腊文明的延续。可以说古希腊人在文化艺术上反过来战胜了古罗马，使得古希腊成为名副其实的西方文明的摇篮。

古希腊和古罗马的男性雕塑往往是赤裸着身体，而女性雕塑通常身着服装。这与古希腊人崇拜男性阳刚、女性柔美的审美观有着巨大的联系。梵蒂冈博物馆收藏的男性雕塑品往往具有完美的身躯，清秀的脸蛋，英雄般的神态，恰到好处地展示出绝世男性之俊美。

古代雕塑家是如何做到这一点的？古希腊艺术家在制作

1
2 | 3

1. 梵蒂冈博物馆藏有数十万件古罗马与古希腊雕塑作品
2. 埃及尼罗河在古罗马的艺术创造下幻化成人
3. 狼头人身的阿努比斯是古埃及亡者与坟墓的守护神

雕塑时会寻来体魄健壮、英俊潇洒的数十位男性模特，如此功夫仅仅为了塑造一件作品。他们在这些模特中分别选取最佳的臂膀、最壮实的胸膛、最清秀的五官、最完美的腹肌，甚至最符合当时审美标准的男性生殖器，然后把所有的元素放在一起，构思出一个最理想、最接近完美的男性身躯。另外，在观赏古希腊与古罗马雕塑的时候，不要忘记去寻找它们的动态美，因为在西方古代美学中，雕塑作品并不代表人物定格的一瞬间，因为人物之前与之后的动作、神情、身体肌肉的扭动方向甚至是人物思想活动都与“这一刹那”有千丝万缕的联系。

天顶浅浮雕：古罗马的收税官与市集商人正在协商税款

赫拉克勒斯是希腊神话最伟大的半神英雄，狼牙棒是他的专属武器

## 01/ 观景台的阿波罗

这件大理石制作的阿波罗像，高2.24米，系匿名古罗马艺术家在公元130年，按照400年前古希腊雕塑大师莱奥卡雷斯所做的青铜雕塑原型临摹翻制的。这正是上文所述的古罗马人继承古希腊艺术最好的证明，这种从古希腊艺术精华中汲取灵感，临摹、继承、翻新的现象，在古罗马帝国时期屡见不鲜。

18世纪中叶，新古典主义者认为，这座《观景台的阿波罗》是美学史上最伟大的古代雕塑品，它是一大批艺术家创作灵感的来源。例如米开朗基罗的《大卫》和安东尼奥·卡诺瓦的《珀耳修斯》。站在我们面前的这位古希腊太阳神阿波罗，表情坚定，昂首挺胸，一副战士的模样。他全身赤裸，只背了一个箭筒，脚穿古希腊凉鞋，身披古希腊的短披风，他迈出右脚支撑身体，左脚向后弯曲，似乎在自豪地展示着什么。他右手手腕支撑在柱子上，而左手径直伸向前方，左手臂上悠然地搭着他的短披风。值得一提的是，他的左手手掌是后期修复的，我们还能看见修补过的痕迹。他扭头朝左看去，正好和他所迈的步伐相反，形成X形。他顶着地中海人独有的大波浪卷发，并在前额上打了一个巧妙的发结，这类盘发

方式也经常出现在美神阿芙罗狄忒和月亮女神耳忒弥斯的头顶。这位多才多艺、相貌出众的太阳神，除了会弹琴、奏乐、唱歌、绘画并与女子风花雪月之外，还懂一项武艺——射箭，并且传说百发百中。根据阿波罗的站姿，艺术史家们推断出这座阿波罗像的左手原本拿着的是一张弓（如今已不复存在），可阿波罗右手原本拿着的是什么，却一直困扰着史学家们。这个已经遗失的物品却又非常关键，因为它决定了这座雕像具体讲述的是什么故事。考古学家们给出两种可能：一支箭或一根月桂树枝。

如果阿波罗右手拿的是箭的话，那么这座雕塑展现的是，阿波罗正在射杀尼俄伯的14位子女的时刻。它来源于一个古希腊著名的悲剧：尼俄

阿波罗和耳忒弥斯正在射杀尼俄伯的子女

伯是一位美貌出众的凡人女子，轻率的她曾在众神前骄傲地炫耀自己共生育了14位子女，甚至曾讥笑女神勒托只育有一对双胞胎——太阳神阿波罗和月亮女神耳忒弥斯。她的鲁莽言论得罪了女神，勒托命令阿波罗和耳忒弥斯在尼俄伯眼前射杀她的14位子女来血洗耻辱，无论她如何拼命遮挡自己的子女，他们还是在她眼前一一中箭而死。尼俄伯悲痛万分，化为石头。

如果阿波罗右手拿月桂枝的话，那么这座雕塑描绘的则是阿波罗对化为月桂树的达芙妮的爱意与怀念。爱神丘比特曾受到太阳神阿波罗的蔑视，他决定捉弄阿波罗予以报复。丘比特将一支使人陷入爱情漩涡的金箭射向了阿波罗，使他无可救药地爱上了河神的女儿达芙妮；同时，又将一支让人拒绝爱情的铅箭射向了貌美如花的达芙妮，令姑娘对他冷若冰霜。当故事的男女主角相遇时，阿波罗便迅速地陷入爱河，无法自拔，对达芙妮献歌示爱，而达芙妮却坚定地拒绝了他。阿波罗不断靠近，达芙妮不断后退，直至害怕地跑了起来。阿波罗穷追不舍，绝望的达芙妮呼喊河神父亲相救。河神听到了女儿的声音，就在阿波罗即将追上她的那一刻，将她变成了一棵月桂树。阿波罗后悔万分，取下月桂枝编织成桂冠，赐给一切有成就的人，这就是“桂冠”的由来。他随手携带的月桂枝就成了和平、爱意的象征，这也表达出他对达芙妮一生的牵挂和衷爱。

德国考古学家温克尔曼曾用“高贵的单纯”和“静穆的伟大”来评价这座雕像，认为它是古希腊人的美学标准的原型。他的艺术评论后来成为西欧美学的基础，歌德、席勒和拜伦随后也纷纷发文赞同他的观点。梵蒂冈的这座《观景台的阿波罗》从此便一跃成为世界上最著名的艺术作品之一。

在 18 世纪末，影响如此巨大的《阿波罗》也没有逃过法国皇帝拿破仑的觊觎。拿破仑在 1797 年攻破意大利后，把这座雕像从梵蒂冈劫走，三年后，把它作为战利品放进了当时成立不久的法国国立美术馆——也就是今日的卢浮宫。在拿破仑统治的法兰西第一帝国时期，《观景台的阿波罗》一直被视为法国民众的骄傲，其在法国民众心目中的分量堪比之后一夜成名的《蒙娜丽莎》。1815 年，拿破仑滑铁卢战败，被英国政府流放在大西洋孤岛——圣赫勒拿。教皇便派遣使者与法国新政府谈判，终于在同年年底从卢浮宫拿回了这件作品，重新摆回在梵蒂冈博物馆的观景台上。

阿波罗抱着将化为月桂树的达芙妮

## 02 / 拉奥孔

在观景台的八角边，静谧的花园里，有一座艺术史上谈论不休的佳作——《拉奥孔与他的儿子们》。史上第一位写书赞颂这座雕像的是古罗马将军、也是《博物志》的撰写人塞孔杜斯，人称老普林尼。当年他在古罗马皇帝提图斯的罗马寝宫里初见这座雕像时，曾激动地告诉众人，这是出自于三位来自希腊罗德岛的艺术家阿杰叁德、阿德罗努洛斯、伯力多鲁斯的遗世之作。雕塑讲述的是古希腊时期特洛伊城的祭司拉奥孔和他的两个儿子被海蛇缠绕至死的故事。这个故事也是西方史诗中最著名的《木马计》的一部分，它的来龙去脉被记载在荷马所著的《奥德赛》和维吉尔所著的《埃涅阿斯纪》这两部巨型史诗里，同时故事也曾被多位古希腊剧作家改编后搬上戏剧舞台——希腊联军觊觎特洛伊城的富庶，出兵攻占特洛伊。然而特洛伊城城门紧闭，民众在城内自给自足，使联军在城外苦苦围攻十年之久，一直无法拿下特洛伊。联军最后施计，佯装撤退，只在城外留下了一座看似用来祭祀的巨型木马，木马内却藏有40位最勇猛的战士。特洛伊祭司拉奥孔看破了敌军的诡计，并打算警告特洛伊国王。雅典城的保护女神雅典娜，却在关键时刻派出海蛇杀死拉奥

孔，以助希腊联军。失去祭祀的特洛伊人最后还是中了敌军的诡计，以为希腊联军放弃围城，便将木马搬进城内，篝火庆祝。就在特洛伊士兵们酩酊大醉之际，40 位希腊勇士冲出木马，一路杀光已无战斗力的醉酒士兵，打开城门。城外守候多时的联军一涌而入，彻底洗劫城池，特洛伊就此覆灭。

如果你在佛罗伦萨等其他的地方也见过这座雕塑的话，无需惊讶，《拉奥孔》有好几个临摹版本，分布在欧洲各地，但梵蒂冈这座是实实在在的原版。它制作于公元前 40——20 年间，高 2.42 米，宽 1.6 米，艺术家们共打磨了八块大理石，再分别给它们塑形，最后把成品完美地衔接在一起。拉奥孔健壮的身躯完全符合“希腊化”时期的审美标准。可以看出，

1|2|3 拉奥孔局部细节

2000 年前雕塑师们对人体结构解剖的研究已经十分透彻。艺术家们选择把海蛇撕咬拉奥孔肋部的一刹那永久定格，非常具有戏剧性。蛇牙似乎已经进入了拉奥孔的体内，可想而知，此时这个特洛伊的英雄在承受多大的苦楚，拉奥孔痛苦不堪的面部表情也同样被描绘得淋漓尽致。他左边的小儿子也被恐惧和疼痛所侵蚀，扭动着幼小的身躯，奋力挣脱海蛇的束缚。右边的大儿子却不解地看着自己的父亲，似乎在问为何要承受如此之罪，孩子无奈和求助的眼神让人心碎。三位古希腊艺术家对人物内心活动把握极其到位，并通过人物脸部表情和身体扭曲的动作生动地传达出来，它无疑是“希腊化”时期的巅峰之作。

这座《拉奥孔》雕塑其实曾经消失于地表千年之久。就在公元5世纪，古罗马被北方蛮族侵略而彻底沦陷之际，《拉奥孔》雕塑也像其他艺术作品一样，在战争的蹂躏下失去踪影。其中大部分作品被人为摧毁、变卖或者埋藏地底。《拉奥孔》幸运地被埋藏在地底千年之久，方才逃过被蛮族洗劫摧毁的劫难，后于1506年在远离罗马的一片葡萄园里被重新发现。深爱古希腊罗马艺术的教皇儒略二世立刻命人把支离破碎的雕塑残片迅速拼好，重新打磨大理石，恢复了它往日的光辉。教皇决定把它摆放在梵蒂冈，用来点缀自己的私人花园。以拉斐尔为首的同时期艺术家们喜闻瑰宝，纷纷向教皇写信，请愿目睹它的风采。年轻的教皇欣然同意，遴选艺术家们前来观摩、临摹、复制这座代表着千年前古希腊艺术最辉煌时期的雕塑。拉奥孔健硕的体魄、扭曲的身体、复杂的表情、戏剧化的表达，赋予了无数艺术家们的灵感。今日所见的文艺复兴时期的男性人体绘画都能在这座古希腊《拉奥孔》上找到原型。例如，米开朗基罗把它画进了西斯廷天顶画，拉斐尔把拉奥孔的面孔索性套用在荷马的身上，西班牙画家格雷考也将拉奥孔挣扎的形象放进了西班牙皇城托雷多的装饰作品里。

当然这座价值连城的雕塑曾被欧洲众多皇室所觊觎，比方说法国国王弗朗索瓦一世，从1515年就多次写信给教皇，重金恳求教皇把它运送至法国，来装饰他在巴黎郊区的枫丹白露宫，教皇丝毫不予理睬。年轻气盛的弗朗索瓦再次写信时，口气严苛，要教皇考虑后果，教皇面对国力强盛的法兰西的挑衅，无奈命人复制了一个铜质品，赠给了弗朗索瓦。可是一尊劣质青铜复制品如何满足得了当时的“艺术的守护者”弗朗索瓦一世呢？他再次要求看原作。教皇无奈，命佛罗伦萨雕塑大师巴乔·班迪内利用大理石完完整整复制了一个拉奥孔，准备赠送给法国国王。可是，就在巴乔·班迪内利完成这件复制品之后，教皇儒略二世欣喜至极，认为他临摹得太到位，结果自己保存了这个复制品（今日藏于佛罗伦萨乌菲兹美术馆）。一来二去，25年就过去了，弗朗索瓦还是没有看到原作，索性在1540年派出当时在法国宫廷效命的意大利雕塑家弗兰西斯科·普列马提乔前来罗马，亲自做了一个模型后搬回巴黎方才了事。

## 03/ 半身像

这是件谜一样的作品，因为迄今为止，西方美术界都还没有掌握到任何有关它的发掘史料，只通过碳十四探测出它是公元前 1 世纪左右的作品。由某位叫做“阿波罗尼奥斯”的雕塑师所作，因为这位艺术家把他的故乡、父亲和自己的名字都用古希腊语刻在了这尊雕塑身上：阿波罗尼奥斯的作品，纳斯托的儿子，来自雅典。但是我们对这位阿波罗尼奥斯却一无所知，对他的父亲也是如此，因为没有任何一本古文献或考古手册提到过他，并且这尊半身像是他流传于世的唯一一件作品。雕塑的头、手、脚均遗失，所以甚至无法判断他到底代表着哪一位古希腊的神话人物或者是某一位匿名的军官将领。

虽然这座雕塑只剩下胸部、腹部、背部、生殖器和大腿，但是依然可以毫不费力的观察到这位来自雅典的雕塑家的精湛技艺。雕塑的身体部位结实有力，可以确定这是一位气概非凡的英雄人物。他微略弓着背，也许是正在专心地观看手上拿着的物品，后颈到腰部的背部肌肉块异常凸显，前胸肌肉组也非常发达，特别是腹肌因为身体的弯曲尤为显眼，弯曲而形成的褶皱，在灯光下让这个雕塑充满了体积感、神秘感和色情感。古希腊贵族间常发生同性或双性恋情，故男性雕塑和女性雕塑一样，都曾是供君王贵族们欣赏把玩的对象，而这尊半身像极有可能就是某座宫廷的私藏。这种男女同位、双性恋美学欣赏价值，在世人改信基督教后的中世纪便戛然而止，直到19世纪末，西方美术语言唯独追求女性色情之美。

既然我们对这座雕像的来龙去脉毫不知情，按道理说，它应该会和梵蒂冈其他无数座无名无姓的雕像摆在一起，或者索性被丢进博物馆的地库里，无人问津才对。可它为什么又能在梵蒂冈艺术殿堂占一席之地，且在艺术史里如此知名呢？原因和《拉奥孔和他的儿子们》一样，它在埋藏于地底千年之久后，于15世纪被人从罗马城的地底挖了出来，它的出现不仅成为了当时迫切寻求古希腊式审美的文艺复兴时期的画家们的精神食粮，还给他们的后期创作带来了丰富无比的灵感。

当时在梵蒂冈装饰西斯廷礼拜堂的画匠画师们，总是会在空闲的时候来观景台对这个半身像做临摹写生。西斯廷礼拜堂的总设计师米开朗基罗与教皇的通信中，如此描述他的学徒和助手们：“他们对这尊雕像废寝忘食，好似不从各个

ΑΠΟΛ
ΝΕΣ
ΑΘΗΝ

角度对它进行彻底研究便誓不罢休。”米开朗基罗自己也把这尊半身像临摹在西斯廷礼拜堂天顶画上，天顶画的男性裸体青年们的腹肌、胸肌和大腿摆放的姿势与《半身像》毫无二致。并且在他的壁画《最后的审判》里，米开朗基罗直接把《半身像》画在了圣巴托罗缪身上，我们还可以在他为佛罗伦萨公爵朱利亚诺·德·美第奇设计的陵墓上发现同样的样式，在对腹部的肌肉因扭曲而形成的褶皱的处理上，和《半身像》如出一辙。甚至法国画家德拉克洛瓦在1822年所绘的《但丁之船》里，对落海人物的处理上，也同样受到这座雕像的启发。

因为《半身像》的身份至今没有定论，给予了美术史学家们很多遐想的空间，大家纷纷发文给出自己的猜测。

1
2 | 3

1. 半身像
2.《半身像》背部细节在光线的照射下肌肉更加凸显
3. 雕刻家在作品上用希腊语留下的签名：“阿波罗尼奥斯的作品，纳斯托的儿子，来自雅典”。

首先，有人认为《半身像》是希腊神话里最伟大的半神英雄——赫拉克勒斯，他是古希腊的体育和角力的保护神。这位半神经常在古希腊艺术中以肌肉结实、大胡子男人的模样出现，而且永远披着狮皮，手持橄榄木棒。部分史学家认为，《半身像》具有赫拉克勒斯一样让人敬畏的、英雄般的体魄，而且人物很有可能坐在狮子皮铺起来的石凳上，和赫拉克勒斯的艺术表现手法一致。

但是这个假设很快就被否决了，因为根据考古学家的研究表明，《半身像》坐着的不是狮子皮，而是豹子皮。依据波兰考古学家查尔斯·哈吉克和德国考古学家文森·布林克曼的理论，焦点很快转到古希腊神话人物萨特的身上，萨特长着羊角、羊耳、人头、马身和马尾，他半兽半神，是职司森林的神祇，为酒神狄奥尼索斯的导师，是醉酒、好色、挥霍的代表，并且萨特是豹子的统治者，使用豹皮理所当然。萨特同样拥有这座《半身像》丰满的肌肉、健壮的体魄。美术史学家进一步说明，《半身像》所表达的其实正是醉酒后的萨特在和林中仙女欢愉的一刻。

另外一种说法是大埃阿斯，希腊神话人物忒拉蒙之子，在特洛伊战争中是希腊联军一方的英雄，作战勇猛。根据梵蒂冈博物馆馆长的推测，《半身像》系大埃阿斯可能性最大，而且这座雕像的动作就像是大埃阿斯起身自杀的一刹那！馆长所言似乎不无道理！

德国美术史学家约瑟夫·索尔认为，《半身像》是波吕

1
2 | 3

1. 米开朗基罗创作的陵墓人物直接采用了《半身像》对人物肌肉扭曲而形成褶皱的处理
2. 米开朗基罗的在西斯廷天顶画上，裸体青年男子的坐姿也受到了《半身像》的灵感启发
3. 米开朗基罗的壁画《最后的审判》里的圣巴托罗缪

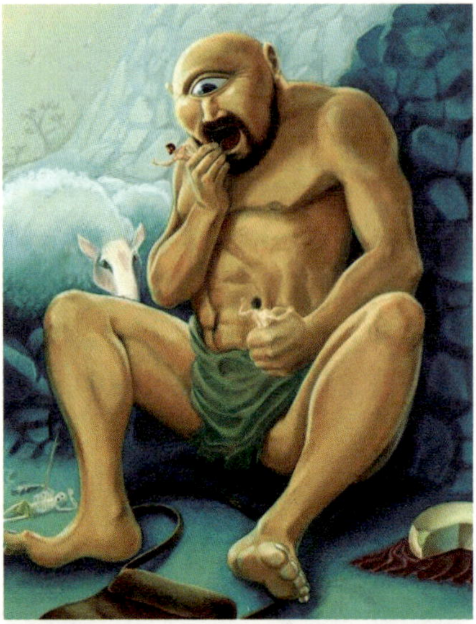

1
2

1. 波吕斐摩斯，希腊神话中吃人的独眼巨人

2. 体魄健壮的赫拉克勒斯靠着木桩，木桩上挂着他的象征物品狮子皮

斐摩斯，希腊神话中吃人的独眼巨人，海神波塞冬和海仙女托俄萨之子。如果光从雕像强壮的体魄看过去的话，虽然没有充实的证据，但是也站得住脚。

德国考古学家罗斯巴赫则认为他是波塞冬的另一个儿子——阿米克斯。在古希腊神话中，他是俾斯尼亚的国王，也是一个狂热的拳击手。在一次拳击比赛中不敌斯巴达王子波鲁克斯，被这位王子侮辱后屠杀。罗斯巴赫认为《半身像》表现的就是他跪地斩首的那一刻。

西欧学术界为这座《半身像》给出自己的见解，既然没有任何一份官方资料对他的身份进行确认，那就只能是公说公有理，婆说婆有理。聪明的你，觉得谁更在理呢？

1 | 2
3

1. 老萨特正在和林中仙女欢愉
2. 大埃阿斯起身自杀的一刹那
3. 阿米克斯在一次拳击比赛中失败，即将被斩首

## 04/ 第一门的奥古斯都像

这尊代表着古罗马皇帝奥古斯都的大理石像，高2.04米，完成于公元一世纪。考古学家于1863年，从奥古斯都的妻子莉薇娅的别墅里把它发掘了出来，别墅所在地是罗马郊区的第一门，雕塑之名来源于此。莉薇娅曾在奥古斯都去世后退隐到这座别墅里安度晚年。

奥古斯都又名屋大维，是罗马帝国的开国君主，也是凯撒的甥孙和养子。他打败了合谋刺杀凯撒的元老院的贵族们，结束了一个世纪的古罗马内战，开启了罗马的盛世，在他43年的统治下，古罗马帝国进入了和平而繁荣的辉煌时期，史称“罗马和平”。所以被史学家公认为最伟大的罗马皇帝。奥古斯都死后，被列入神的行列并被神格化。其后“奥古斯都”被借名，成为罗马统治者的永久性称号，并且为了纪念这位伟大的君王，人们从此把艳阳高照的8月（August)，这个象征繁荣与光辉的月份以“奥古斯都”来命名。

因为他一直是古罗马人的崇拜偶像，所以流传至今的奥古斯都雕像，不仅数量繁多，而且件件工艺精良。而梵蒂冈所藏的《第一门的奥古斯都》是他最具代表性、最著名的雕塑作品。奥古斯都在这件作品上，表情严峻沉着，身材魁梧，

身披罗马军事短袍，而短袍上再覆盔甲，盔甲上的浮雕繁琐而细致，描绘的是帕提亚人向罗马人交出自己的勋章以臣服于罗马的故事。古罗马将军特有的长披风，从奥古斯都的左手臂上垂下，把君王的高贵与威严表现得淋漓尽致。长披风的褶皱的塑造也是非常的精致，艺术家巧夺天工的造诣把坚硬无比的大理石活活地变化成一块柔软的绸布。奥古斯都左手手间本持有一支长矛，但现已丢失，右手指向前方，示意民众安静，这是古罗马帝王们给即将奔赴战场的勇士们做战前讲话的通用手势。他的右脚边倚靠着一个骑着海豚的小爱神丘比特，丘比特是美神维纳斯之子。而根据古罗马的神话族谱，奥古斯都的祖先是美神维纳斯的后代。古罗马神灵与帝王的同时存在，便于让观者联想到王族们的高贵血统，证明他们合法的统治地位，这是古罗马时代用来神化帝王常用的艺术表达手法。虽然艺术家们通常会美化帝王们的面孔与身躯，但是史料的记载，这尊雕塑是完完全全遵照奥古斯都本人的五官与身体而制。作为古罗马史料的基石，苏埃托尼乌斯所写的《罗马十二帝王传》曾如此描绘奥古斯都：“他体型均称，外表异常英俊，也极其优美，但他从不在意其个人的打扮，到目前为止，他都是在匆忙间剪修他的发型及胡子。他有着明亮而闪烁的眼睛，他的头发微曲并呈金黄色，眉头常常深锁。他的耳朵大小适中，鼻子上部倾斜而下方轻微弯曲。肤色不深也不浅。”

另外，德国考古学家文森兹·布林克曼在20世纪80年

1 | 2

被还原色彩的雕塑复制品如今摆放在原作品旁边让观者可以看到雕塑脱色前的模样

代初，曾用紫外线对雕塑进行过全方位的探查研究，结果发现，雕塑表面有明显的彩色颜料的痕迹。这个研究结果看似惊人，却在考古学家的意料之中。因为《第一门的奥古斯都》埋藏于地底千年之久，表面颜料自然而然被土壤中的微元素全部降解。它和绝大部分从地底挖掘出来的原本彩色的古代雕像一样，都已经完全失色。但根据当今西方修复学家的职业操守准则，所有考古发掘出的雕塑，都必须保持着出土时的样子，所以我们今日所见的西方古代雕像，大多都是单一的石灰白，修复家无权在雕塑上复原色彩。可喜的是，梵蒂冈博物馆特邀专家团队，在对这件文物彻底研究后，确定了雕塑原有的色彩。馆长便在这尊雕像旁放置了一座复原色彩后的当代复制品，以便参观者可以看到雕塑在千年前带有色彩的模样。这样的做法得到业内人士的多方赞扬，如大英博物馆在本世纪初也紧跟其后，开始在部分古代失色的雕塑品旁安放彩色复原后的复制品。

# 3/ 油画

梵蒂冈的油画主要是意大利文艺复兴时期的作品，多属于拉斐尔、提香、波提切利、达·芬奇等闻名于世的意大利画家所作，均集中收藏在博物馆的画廊里。参观完罗马中世纪教堂绘画的观众，也许会感叹在梵蒂冈的画廊里终于不用再看那些干瘪的身躯、死板的笔触和毫无内容的画面了。因为文艺复兴时期的画家们一改中世纪先辈们僵硬的画风，使得画面人物饱和丰满、表情真挚自然、故事情节充满戏剧性和动感。绚丽丰富的画风与中世纪的枯涩完全不可同日而语，开创了美术史的新纪元。但是在题材上，文艺复兴时期的画家们大多延续了中世纪的宗教主题，虽然开始出现了部分贵族订购的私人肖像画或风景画用来装饰他们的城堡与宫殿，但是以基督教为题材的作品却一直是诸位文艺复兴时期画家们的重中之重。

## 01/ 达·芬奇《身处野外的圣叶理诺》

达·芬奇于1480年在胡桃木上创造出了这幅蛋彩画，其长103厘米，宽75厘米。作品描绘的是圣叶理诺在叙利亚沙漠中的苦行生活。圣叶理诺在西方教会中的地位举足轻重，他是教廷所封的四位圣师之一，曾把希伯来语和希腊语的圣经翻译成当时知识分子通用的拉丁语而造福于世人。

遗憾的是，因未知原因，达·芬奇并没有完成这幅作品就将它搁置一边，所以现在很难辨认出画作里面所有的元素，只能隐约瞥见画面左侧被险峻山峰所环绕的湖泊，右侧一座轮廓模糊的教堂，教堂上的十字架是它的参照物，另外基督被钉在十字架上的潦草初稿也隐约可见。圣人右手持着石块，不停地用它敲击自己的左胸口，可以清楚地看见他的左侧胸口上的伤疤，这其实是他特有的用来忏悔的苦修方式。他的脚边躺着一头狮子，这是他的圣灵宠物。据圣经记载，这头莽撞的狮子曾误闯沙漠，对成群的仙人掌着了迷，无知的它一头跳了上去，被无数的倒刺扎得痛苦不堪。圣叶理诺恰好经过，他不惧风险勇敢地靠近狮子并安抚它，并仁慈地拔去它身上所有的倒刺，结束了它的痛苦，这头有灵性的狮子从此跟着圣叶理诺在一起修行打坐。

长时间的苦修生活让圣叶理诺骨瘦如柴

这件作品的来龙去脉是一个谜，有传闻言，由于作品并没有被达·芬奇完成，所以起初并没有被画家看重，久而久之，作品流入市井，无人问津。直到拿破仑的叔叔——著名收藏家约瑟夫·费施在19世纪初的罗马某家饭店里，发现了作品的第一部分，它居然被客人当饭桌桌板在使用。费施不仅迅速地认出了达·芬奇的手迹，而且巧妙地运用他的社交技巧，以低廉的价格把“桌板”收购了回来；之后，他花了数年工夫苦苦追寻，希望能找到作品的另外一部分。功夫不负有心人，几年之后，他的助手在罗马城北边的某家鞋店门口发现了作品的第二部分，鞋店老板正用它当作门板。无论传闻是真是假，约瑟夫·费施的继承人把这两半作品同时卖给了梵蒂冈当时的教皇庇护九世，教皇喜得瑰宝，命人迅速拼接、修复作品，次年便得以展出，它的辗转命运使得作品名声大噪。

## 02/ 拉斐尔《主显圣容》

这幅文艺复兴晚期的大型油画作品长 4 米，宽 2.7 米，是教皇克莱门特七世委托文艺复兴三杰之一的拉斐尔所绘。因为这位年轻画家的突然死亡，使得这幅油画不仅成为他有生之年的最后一幅作品，而且还是一件未完成的遗作。他的学生，后成为矫饰主义的代表性人物朱利奥·罗马诺决定为老师收工，所以这幅作品同时呈现出文艺复兴晚期和矫饰主义的双重艺术特征。

虽然整幅画上下两部分，讲述着圣经中两个完全不同的故事，但是拉斐尔却巧妙地把他们合二为一。

画面上半部分讲的是《圣经新约》中非常有名的《主显圣容》的故事。它描述耶稣与使徒们行走在大博尔山上，耶稣使神技突然漂浮了起来，并且再发出明亮的光，显示出神一般的面容。明亮的光线与柔和的云彩中，闪现出已故千年之久的摩西与以利亚两位先知，他们怀抱上帝的旨意法典，深情注视着耶稣，漂浮在他的身旁。俯伏在地的是耶稣的门徒们：彼得、雅各、约翰。他们对导师的突然灵变惊讶不已，而且被他的耀眼的灵光照得睁不开眼睛，头晕目眩，纷纷倒地。已经亡故千年的《圣经旧约》中的人物摩西和以利亚两

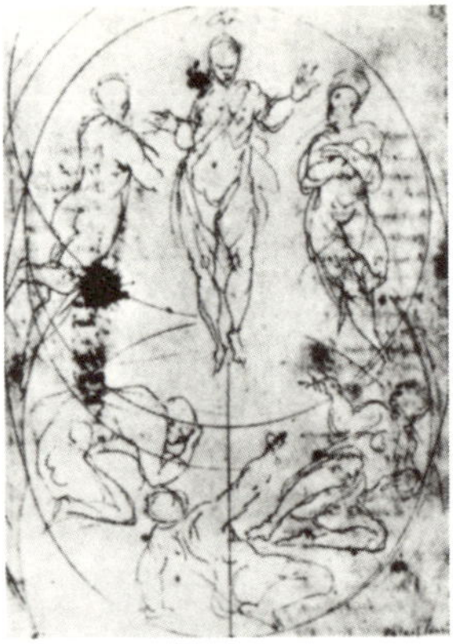

1
2 | 3

1. 耶稣、先知和使徒三者的空间关系是一个隐形三角形金字塔
2. 画面里的所有人物都被套入了一个无限向上漂移的 8 字形
3. 拉斐尔在绘制油画前的素描草图

1|2

1. 中了邪的孩童身体僵硬双眼翻白
2. 耶稣缓缓升空并发出耀眼的光芒

位先知，为何会出现在这里？原来他们是受圣父耶和华的旨意，手拿预言册，下入凡尘，在圣光中鼓励耶稣勇敢地去完成他最后的苦难："他即将面对世人的背叛，头戴荆棘皇冠，背起沉重的十字架，以自己为羔羊，被钉死在十字架上，为世人洗清原罪。"

画面下半部分，其实已经是耶稣从大博尔山下来之后的故事了。它讲述的是耶稣施展神技治愈被恶魔缠身的患病少年。在这幅作品里，拉斐尔老练地把它安排在耶稣在山上显现圣容的那一刻，硬是将它们合为一体。中了邪的少年身体僵硬无比，瞳孔放大，大口呼气，手臂血管突出，惊讶地注视着耶稣，似乎正在绝望地寻求帮助，他歇斯底里，无法控制自我的状态让观者唏嘘。孩童身旁下跪的母亲与无奈的家人们，纷纷恳求耶稣使徒们的帮助，更加强了画面的戏剧性。使徒们的眼神与动作充满同情，他们手指耶稣，安慰着这些苦难的凡人们，似乎是在告诉他们，主能平息一切灾祸，治愈一切疾患。

《主显圣容》这幅作品让我们看到拉斐尔不仅在构图上花了很多功夫，而且还准确表达了故事的寓意，详细地分析人物的性格特征，这些都是拉斐尔的艺术特质。梵蒂冈同时保留着这幅作品的草图，如此便能把画面里的所有人物都套入一个无限向上漂移的 8 字形，这种艺术处理手法是文艺复兴时期绘画界的创新。另外，耶稣、先知和使徒三者的空间关系，分明是一个隐形三角形金字塔，而耶稣被拉斐尔安排在塔的正中央，这种做法有效地强化了整幅作品的视觉中心，并使得画面上半部分结构非常稳固。

画面人物的服装异常地华丽多彩，加上他们戏剧化的脸部表情以及夸张的身体姿势，都比文艺复兴时期的人物形象来得更加舞台化，这些矫饰主义的元素都是罗马诺在拉斐尔死后，为作品收官时所加上去的。它间接地暗示着矫饰主义在文艺复兴运动后，即将霸占意大利的文艺殿堂，不可扭转地成为新的艺术潮流。

## 03/ 卡拉瓦乔《基督下葬》

《基督下葬》是巴洛克画家卡拉瓦乔的成名作，高 3 米，宽 2 米，绘制于 1602 年。卡拉瓦乔独创的明暗对照法，使得画面的带入感极强，富有戏剧性。他对人物细节的描写十分精准，笔触真实有力，他如当代的摄影师一般，把玩着每幅作品的光与影，大大提高了作品的可读性。

《基督下葬》本是悬挂在教堂祭坛上方的宗教礼画，换句话说，艺术家必须考虑到站在教堂本（大）厅的信徒们的视觉位置，所以卡拉瓦乔对画面人物的透视关系进行了特殊的处理，使得观画者站在祭坛的正下方，也能观赏到恰到好处的透视比例。梵蒂冈美术馆在上个世纪初决定出资购买这幅作品，馆长特意将这幅画高高地挂在美术馆里，就像是挂在教堂祭坛上一样，参观者可以继续以信徒的方式仰视作品，以获取最佳的视觉效果。

首先观者需要注意这块阴沉诡异的大石板，基督将被安放其上。来自画面左方的光线，不仅让人看清楚了基督赤裸而孱弱的尸体，也照亮了石板底下的阴森植被。大部分画家都会把基督的尸体安排在坟墓里，但卡拉瓦乔的这个版本却是把基督放在石板之上，他的用意非常明显——渲染画面的悲伤画调，增强作品的戏剧氛围。并且根据《圣经》的描述，基督的尸体确实是安放在山洞里的石板之上的，这也证明画家对《圣经》内容的理解非常深厚，这是不可多得的，因为绝大部分的艺术家在那个还没有印刷术的年代，均没有机会阅读《圣经》。

我们从基督右手手臂无力下垂的姿势中，可以看到米开朗基罗雕塑品《哀悼基督》（藏于梵蒂冈圣彼得大教堂）的影子。失去灵魂的基督似乎失去了一切，任凭使徒们的拉扯抬抱，身体都不听使唤地往下压。年轻的使徒约翰抬着基督的上半身，他的脸孔完全陷入黑暗，难以辨认，但还是能瞥见他悲伤不舍的表情。他身穿绿色长袍，外罩红色坎肩，彻底融入阴影里。这反倒衬托出画面的视觉中心——惨白的基督的尸体。年老的使徒尼哥底姆则抬着基督的双腿，似乎受到了过度打击，满脸呆滞。卡拉瓦乔把米开朗基罗的面容直接画在这位使徒的脸上，这种做法在文艺复兴之后的西方美术界非常普遍，把同辈或前辈画家的面孔放入宗教使徒的身上是一种荣耀，卡拉瓦乔再一次以这种方式向他的前辈致敬。使徒尼哥底姆的土黄色的长袍与使徒约翰的红绿长袍、外加

基督的白色裹尸布，是唯一在画面暗部中脱颖而出的四种颜色。它们的色调沉着、肃静，构筑了画面整体的悲情基调。带着头巾的年长妇女似乎在低头祷告，站在一旁的撑着头的少女也似乎陷入了沉思，所有人物的动作都非常低调、收敛、静穆，唯有站在画面最后方的女孩动作夸张，她伸张双臂，仰天长啸，似乎在质问圣父耶和华："主啊，为什么您的圣子会遭遇如此残忍的杀戮？"所有细节都描绘得非常到位：圣徒尼哥底姆脸上的皱纹、衣服的褶皱，基督裹尸布上的死结，撑着头一脸沉思的女孩头上的发辫，基督肋骨上的伤疤，甚至基督手臂上的血管都清晰可见，淋漓尽致地展现出卡拉瓦乔高超的写实技巧。他把矫饰主义后的巴洛克风格推向欧洲艺术界顶峰，成为前后两代画风的分水岭。他精准的观察力、生动的表现力和充满戏剧性的明暗对照法，让卡拉瓦乔成为意大利美术界炙手可热的传奇人物。

# 4/ 壁画

梵蒂冈博物馆命运多舛，历史上曾被外来势力多次洗劫。例如在法国大革命期间，拿破仑便掠走了数以千计的绘画与雕塑，冠冕堂皇地当作战利品放进卢浮宫。但是壁画作品却是敌军无法夺走的，如今它们占据了梵蒂冈博物馆的最重要的地位。

如果说卢浮宫的瑰宝是蒙娜丽莎，大英博物馆的明珠是罗塞塔石碑，那么梵蒂冈博物馆的镇馆之宝绝对是西斯廷天顶画。西方艺术史的创始人——伟大的意大利历史学家瓦萨里曾激情洋溢地夸赞过这幅巨作：“它的出现给世人带来如此之多的触动与灵感，就像一缕春风吹醒了沉睡在中世纪百年黑暗里的人们，从此世人才开始懂得美的定义。它是人类艺术的一盏明灯，它的光芒照亮了整个西方文明世界。”

如此一来，梵蒂冈成为全球艺术界拥有顶级壁画的艺术殿堂。

伊利奥多罗厅的西面墙体壁画：《教皇利奥一世和匈奴王阿提拉的会面》
圣彼得和圣保罗手持宝剑在天空盘旋护佑这次会晤，教皇成功地说服阿提拉打消侵略罗马的念头

## 01/ 拉斐尔室

这是四间气势非凡、布满艺术瑰宝的展厅，曾是教皇们的私人居所。这里是前往米开朗基罗所绘制的西斯廷礼拜堂天顶画的必经之路。拉斐尔曾在数年的时间里同助手们一起完成了四个房间里的 16 幅壁画和 4 个天顶的装饰工程。米开朗基罗在西斯廷礼拜堂绘制天顶画的期间，经常大门紧闭，他不希望任何访客偷看自己还未完成的艺术品。但是拉斐尔经常趁着米开朗基罗不在的时候，溜去西斯廷礼拜堂汲取灵感，久而久之米开朗基罗的绘画风格彻底被拉斐尔继承，外加他时常翻阅达·芬奇留下来的手稿，学习他的绘画技巧，使得拉斐尔在米开朗基罗与达·芬奇之后，摇身一变，自成一派，成为文艺复兴时期最年轻的最受雇主喜爱的艺术家，后人把他们称为文艺复兴三杰。

这四个房间最初是教皇儒略二世的办公室、私人卧房、私人图书馆和私人接待室，但在拉斐尔接受教堂委托开始作画之后，这四个房间分别以各自房内壁画的主题彻底改名。如此一来，参观者从东向西会依次经过康斯坦丁大厅、伊利奥多罗厅、签字厅和博尔戈火灾厅。

在教皇儒略二世 1513 年圆寂之时，拉斐尔只完成其中两个房间的壁画装饰。继任者教皇利奥十世决定继续资助拉

1
2 | 3

1. 签字厅的天花板上画着四位智慧女神
2. 签字厅的西面墙体壁画《圣体的争议》
3. 伊利奥多罗厅的南面墙体壁画《保尔塞那的弥撒》

斐尔的工作。然而拉斐尔在 1520 年突发高烧去世，年仅 37 岁。他的助手吉昂·弗朗斯科·班尼、朱利奥·罗马诺、若弗琳诺·迪·库里接任了他的工作，共同完成了最后一个房间的壁画装饰。如今在罗马万神庙里竖立着拉斐尔墓志铭，世人诗意地概括了他短暂却传奇般的艺术人生，在碑铭上面写着这么一段话："造物主怕他的造诣赛过自己的作品，让他年纪轻轻就丧失了性命；如今他死了，造物主再也见不到如此美丽的灵魂，后悔莫及得甚至感觉自己也要死去一样。"

## 02/ 雅典学院

在刚刚走出中世纪宗教神权统治的意大利，新生的人文主义学者们认为光有虔诚的祷告并不足够，在对公众的教育中神学不再独占鳌头，科学与哲学成为与上帝交流、寻找真理的新方式。笃信新思潮的年轻教皇儒略二世是一位忠实的古希腊人文艺术爱好者，他认为在号称神学殿堂的梵蒂冈应该注入哲学和科学的新血液，因为三者并不互相矛盾，理应共存。所以在 1509 年，这位教皇欣然任命拉斐尔由其在自己的寝宫里绘制一幅举世无双的壁画——《雅典学院》，画作中不仅涵盖了古希腊最著名的哲学家与科学家，并把古希腊崇尚批评、思考与辩论的习俗重新发扬光大，以此抗议中世纪逆来顺受、顽固不化、不思进取的僵硬的神学教育。拉斐尔把这幅作品画在了签字厅的东墙上，成为《拉斐尔室》16 幅壁画中里最具盛名的一幅。

宏伟巨大的古希腊建筑占据了整幅壁画的全部空间，建筑结构让人联想到古希腊的公共浴室——这是古希腊自由民阶层休闲娱乐、谈论政治、扩展社交，甚至策划阴谋的地方。有学者提出，这座古典式建筑有布拉曼特最初给圣彼得大教堂设计的草图的痕迹。无论拉斐尔最终是受了哪一种艺术样式的启发而描绘出了这幅举世闻名的雅典学院，读者都能感受到它几何对称式的宏大与几乎完美的透视比例。

拉斐尔严谨地运用透视关系技巧来描绘建筑本体，并巧妙地把画面人物错列排开，使得二维平面的壁画产生出三维空间的错觉。他不仅完美地利用“沉箱式”拱顶构建出三座大厅，而且在画面最远处，利用开阔的拱门和天窗，让画面透视线的消失点集中在建筑之外无边无际的天空里，再次反衬出建筑本身的深度，堪称透视学的巅峰造诣。再仔细地分析这幅作品，我们可以清楚地在第一座大厅左右两侧的神龛里，辨认出艺术和哲学的保护神——拿着竖琴的阿波罗和拿着长矛与盾的雅典娜；大厅里遍布古希腊和古罗马最有名的知识分子，他们似乎在相互交谈、争辩。这群人物主要分散在大厅台阶的上下，台阶上的人群涌动，而台阶下的人群各自分布在画面的左右两侧，目的是凸显出画面正中央的两位主角——柏拉图和亚里士多德。如此紧凑的人物分布，使得整个画面拘谨而严肃。但拉斐尔巧妙地让衣冠不整的，醉酒的犬儒学派创始人狄奥根尼斜靠在台阶上，顿时让整个画面多了一层流动的气息。拉斐尔把五十八位古希腊和古罗马的哲学家、音乐家、数学家、天文学家和作家不分时代地统统汇聚在一起。这些代表西方人文起源的知识分子们是文艺复兴时的学习典范，它赞美人类智慧的浩瀚无际与人文主义思想的崇高，与中世纪神权为上、压迫人性的道德观，形成鲜明的对比。拉斐尔仅仅用人物的脸部表情、动作、服装和附属品等视觉元素，来构建每一位人物的身份，使得观赏者能迅速地分辨出各位学者。这就是他通晓古今、熟读历史的见证。这些古代思想界的精英们荟萃一堂，目的很明显，就是让观者从古代的文明与智慧的结晶中充实自我，摈弃基督教神权统治的封建压迫。

非常有意思的是，拉斐尔巧妙地把前辈达·芬奇的面孔放在了画面主角——手指天空，年迈博学的柏拉图的身上。拉斐尔一直深受达·芬奇的画风影响，是他真正的灵魂导师。

达·芬奇在他心中的位置好比柏拉图在所有哲学家心中的位置。他利用《雅典学院》的创作机会，把对导师的崇敬之情彻底地表现了出来。

在台阶下靠着桌子，神情忧郁，若有所思的古希腊哲学家赫拉克利特，拥有米开朗基罗的面孔。米开朗基罗是拉斐尔的同事，当时他被教堂雇佣在离这四间《拉斐尔室》不远的西斯廷礼拜堂绘制天顶。所以当拉斐尔在1510年结束雅典学院壁画作品时，米开朗基罗还在孜孜不倦地消耗着自己的生命，呕心沥血地为教皇绘制举世闻名的天顶画。拉斐尔欣赏这位前辈，把以犹豫、执着著称的米开朗基罗的面孔，放在了这位被世人称之为黑暗忧郁哲学家的赫拉克利特的身上。

最后，我们还能在画面最右边找出带着贝雷帽的拉斐尔，他是全画中唯一一位注视着观众的人物肖像，与众不同，仿佛在问我们对他画作的看法，同时他在画中的存在的方式非常特别——他并不是套在任何古希腊知识分子的身上，因为他只代表他自己——这千年后西方文艺复兴的新兴力量。这是拉斐尔最直截了当的作品签名。这种狂妄的签名方式在文艺复兴之前的中世纪是完全无法想象的。

如此一来，文艺复兴三杰——达·芬奇、米开朗基罗、拉斐尔就在同一幅画上集合了。世上没有第二幅作品把这三位艺术家放在一起过。有人抱怨这幅画的原意和这三位艺术大师本没有直接的联系，拉斐尔真的是给艺术界开了一个不乏意趣的玩笑。其实拉斐尔的用意很明显，他把文艺复兴时期的艺术大师与千年前影响力非凡的古希腊古罗马的知识分子联系起来，就是为了在中世纪文艺枯竭的800年后，让文艺复兴的火苗再次与西方智慧的根源与摇篮联结，续为一体，以此把希望寄托在生生不息的文艺星火里，期望能带领世人走出黑暗、走出冥顽不灵的封建神学，让崇尚自由思考的人文主义的春风再次吹遍大地。

## 03/ 西斯廷礼拜堂天顶

这个礼拜堂是整个梵蒂冈最著名的艺术珍宝，它本是属于梵蒂冈的神职人员工作区，不对公众开放。但是因为它的艺术价值，教皇破例把它归纳到梵蒂冈博物馆的浏览路线里，好让众人一睹它的风采。西斯廷礼拜堂 (Sistine) 得名于他的赞助者教皇西斯都 (Sistus) 四世，他在 1475 年下令破土修建一座仅供主教们做祷告用的私人礼拜堂，于 1481 年完工，教皇在同年的 8 月 15 日对它正式封圣。天主教对所有的宗教建筑都会进行封圣仪式，由教廷职员住持，意在把此处建筑神圣化。德国大作家歌德曾说："如果你没有亲眼见过梵蒂冈的西斯廷礼拜堂，你便不会知道人类艺术竟然可以达到如此境界。"

西斯廷礼拜堂曾是多位教皇秘密举办选举会议的场所，而且众多教皇曾在这里加冕。当前任教皇去世后，新教皇是由红衣大主教所组成的枢机团选举产生。这场选举会议绝对私密，在场的大主教在成功地选举出一位新任教皇前无法退场，无法与外界联系。史上最长的教皇选举议会曾长达三星期之久。但是，让西斯廷教堂闻名于世的，并不是它特殊的宗教功用，而是米开朗基罗在西斯廷礼拜堂里，耗费了近十

西斯廷礼拜堂的天顶画

年的时间所绘制的大型天顶壁画与墙体壁画《末日审判》。礼拜堂墙体从上到下无一处留白，布满了基督教的宗教寓言画，它成了真正意义上的360度艺术空间，甚至被直译为《给穷人阅读的圣经》。

在米开朗基罗被教皇请来画天顶之前，西斯廷礼拜堂中已经有不少的壁画。它们出自于15世纪佛罗伦萨的艺术家之手，当年属于美第奇家族统治下的佛罗伦萨，与罗马教皇重归于好，结束了他们之间的国土纷争。美第奇家族特意挑选了佛罗伦萨最有造诣的艺术家，并且自掏腰包把他们派遣到梵蒂冈给教皇服务。所以，当教皇为礼拜堂封圣后，美第奇家族自然答应让包括文艺复兴时期的著名画师波提切利在内

的众多佛罗伦萨的艺术家们，翌日启程来到罗马为梵蒂冈教廷工作。我们不妨在欣赏米开朗基罗的天顶和他的壁画《末日审判》前，看看这些不为众人所知晓的，“非主流”的艺术作品。

从下往上看，墙底部分被玻璃保护的是由金丝与银丝穿插制作的帷帐，帷帐上的图案是天主教教皇的徽章象征，帷帐以上的方形空间内，由来自佛罗伦萨的画家们绘制，讲述

的是圣经旧约里的摩西带领以色列人逃出埃及和新约中耶稣基督施展神技的故事。

虽然艺术家拥有对人物刻画的创造权利，但是故事主题的选取，都是来自教皇和其主教们再三商定后的结果。他们出自不同画家之手，但是画幅尺寸、色调采用、画面韵律和人物结构都非常统一协调。这些壁画意在表达《新约》与《旧约》的相互呼应，以及突出天主教从犹太教合理合法的演变。

比如波提切利所绘制的《摩西的考验》和《基督的考验》，这两幅作品在南墙与北墙上面对面，一样的大小，一样的色调，同样的人物细节处理，分别讲述旧约中被上帝选中建造耶路撒冷的先知摩西和新约中上帝唯一的儿子耶稣基督所经受的考验。两幅作品主题相互呼应，表达神权无论在旧约与新约中千年的延续不断。并且这些画家曾以大量的金箔薄片来勾勒人物的轮廓，使得昔日的西斯廷礼拜堂在火把和蜡烛的照耀下华丽多彩、蓬荜生辉。遗憾的是这些金箔早已消失脱落，如今我们再也无法感受百年前在火光照耀下，熠熠生辉的作品了。

在这些方形壁画的墙体之上，画着曾经为天主教的发展作出非凡贡献的30位教皇们的遗像。每一扇天窗旁分别站着两位教皇画像，而每位教皇均安排在贝壳型神龛里，就像是

1|2

1. 阿梅莉亚曾用繁星装饰西斯廷穹顶，这是中世纪最传统的天顶装饰法，米开朗基罗之后把它彻底抹去

2. 西斯廷礼拜堂的墙体壁画是由来自佛罗伦萨的众艺术家所绘，讲述的是圣经《旧约》与《新约》中相互呼应的故事

波提切利绘画《美神维纳斯的诞生》一样。这种新艺术的表现法是文艺复兴时期的典型，也是艺术史上重要的分水岭。它重新从古希腊建筑中汲取灵感，从而完全摒弃了中世纪宗教画中单薄而僵硬的处理手段，难能可贵。

天窗以上的空间里便都是米开朗基罗亲手绘制的壁画作品区域了。在米开朗基罗绘制天顶前，还有这么一段小故事：西斯廷礼拜堂刚建立的30年里，米开朗基罗还没有被教皇儒略二世请来绘制天顶，因为米开朗基罗当时正受教皇之命忙于给他雕刻陵墓——著名雕像《预言者摩西》那一座。陵墓雕刻费时费力，米开朗基罗忠心耿耿、呕心沥血、倾其所有为儒略二世效命。好景不长，圣彼得大教堂的首席建筑师多纳托·伯拉孟特对米开朗基罗被教皇如此重用非常嫉妒，他恶意挑唆，诽谤米开朗基罗，使得米开朗基罗和教皇儒略二世之间误会重重，关系日渐恶化。由于伯拉孟特的唆使，教皇改变主意，认为过早修建陵墓会给自己带来厄运，下令暂停米开朗基罗修建陵墓的工作，并停止支付他的佣金。然而，当教皇重新打量空无一物的西斯廷礼拜堂后，便打算给予米开朗基罗一项新的工作——装饰西斯廷礼拜堂的天顶。因为他深信米开朗基罗的精湛技艺，也渐渐明白自己被舆论所惑，想用新工程与米开朗基罗和解。可是曾被教皇解雇、此时已筋疲力尽，心灰意懒的米开朗基罗，并不相信教皇的重新任用，他认为这是他的职场敌人伯拉孟特的计谋，是教皇把自己逼向绝路的一种不失体面的做法。他索性彻底放弃自己在罗马的职业生涯，于1506年逃离教皇国，回到了自己的公国佛罗伦萨。着急的教皇给统治佛罗伦萨的美第奇家族连续发了三封亲笔信，要求米开朗基罗尽快回罗马承担西斯廷天顶的装饰工作。美第奇家族宣召米开朗基罗觐见："本公国不希望和梵蒂冈有任何摩擦，更加不希望与教皇有任何形式的战争，奉劝你所作出的决定不会给本国带来任何危险。"米开朗基罗决定前往中立城邦博洛尼亚与教皇会面，希望能借此明白教皇真正的目的。会面中，教皇不仅正式对米开朗基罗道歉，还承诺支付双倍佣金，二人摒弃前嫌，握手言和。米开朗基罗终于重新回到罗马，再次为教皇儒略二世工作。

其实米开朗基罗绘制天顶前，天顶并不是空无一物，而是已经被前教皇西斯都四世雇佣的阿梅莉亚用繁星装饰变成了星光点点的穹顶，这是中世纪最传统的天顶装饰方式。它的僵硬繁复被米开朗基罗所唾弃，他决定彻底掩盖掉被繁星点缀的天顶。但是绘制工作开展的并不乐观，首先教皇儒略二世对天顶壁画的设计要求重重，另外本是以雕塑起家的米开朗基罗对绘制壁画的技巧并不十分娴熟。灰心丧气的米开朗基罗屡次向教皇抱怨自己的天赋被用错了地方，希望放弃。教皇决定彻底放手，不仅让米开朗基罗独自一人设计天顶，还赋予他充足的时间完善他的壁画绘制技巧。这么一来，米开朗基罗终于彻底展开手脚，从最初的12位门徒的草案发展到四年后的整整343位圣经人物，伟大的绝世经典由此诞生。整幅画作色泽异常欢快明亮，一改米开朗基罗忧郁的黑暗风

1 | 2
3

1. 铜币里画有圣经中《列王纪》的故事

2. 上帝伸出右手来触摸刚刚用泥土捏造好的亚当，使得人类的始祖获得永恒的生命、崇高的智慧和自由选择的权利

3. 上帝在众天使的拥护下，优雅地御风而来，他后面的斗篷被风鼓起，形成了一个“人脑”的形状

格，使得参观者远在20米开外的地方也能清楚地分辨天顶画里的人物。

天顶画中央，讲的是圣经第一章《创世纪》里面的九个故事。九幅故事画的中心主题可以用一句话来概括：上帝创造世界，创造人，人类犯下原罪，被驱逐出伊甸园，人类繁衍，但罪恶深重，上帝用洪水毁灭世界，只用方舟挽救了诺亚一家人和一部分动物物种，诺亚的子孙们散播在世界各地。其中，《上帝造亚当》这幅图给大家留下了深刻的印象：上帝在众天使的拥护下，优雅地御风而来，他身后的斗篷被风鼓起，形成了一个“人脑”的形状，这是米开朗基罗最天才的一笔，它活泼生动地告诉观众，上帝在造世界、造山川、造植物、造动物之后，赋予了人类其他任何生物都没有的特权——智慧。这是上帝最满意的作品，给予人类极大的殊荣。上帝伸出右手来触摸刚刚用泥土捏造好的亚当，使得上帝用自己的“形象”造出来的人类的始祖，获得永恒的生命、崇高的智慧、和无比荣耀的自由选择的权利。毫无疑问，这是整个西斯廷礼拜堂艺术表现手法里最动人的一个场景。

每个故事的中心画的四个角落里都坐着裸体青年男性，共有20位，这些人物的绘制灵感来源于希腊古典人物雕塑，他们都有完美的身躯和健壮的体魄。由于米开朗基罗对透视关系把握得极其完善，这些装饰性人物的出现，使得画面的纵深度更加丰富。这些裸体男青年之中夹着十枚铜币，铜币里画有圣经中《列王纪》的故事，但是因为天顶距离观众太远而铜币实在太小，肉眼很难分辨铜币里的人物。在中心主体画的左右两侧，画有《圣经》里最重要的7位男先知和5位女先知。而每位先知两旁的壁柱上画有单色小爱神丘比特，这些小型爱神是文艺复兴时期非常流行的样式，它在之后以巴洛克和洛可可艺术为中心的装饰艺术里，成为必不可少的元素。在这些爱神丘比特之中共画有24座铜铸色的裸体坐姿像，目的之一是为了把所剩余的空间补满，目的之二是与上述肉色裸体青年像形成鲜明对比。最后，米开朗基罗把在圣经马太福音书中所列举出基督母系家族谱上的40位祖先一一地画在了天顶的三角区和弦月区域里，以上343位人物共同构成了奇迹一般的西斯廷天顶，工程量之浩大，艺术造诣之高深，让人叹为观止。

Tips:

**1. 米开朗基罗是怎样在这四年中绘制这么高的天顶画的?**

这曾是艺术爱好者们特别热衷的话题。在文艺复兴时期的16世纪初，我们只有最简单的建筑工具——脚手架。而第一副脚手架的草图设计者正是米开朗基罗最大的劲敌多纳托·伯拉孟特——圣彼得大教堂的总设计师。他给教皇提议，在天顶上打孔，让米开朗基罗吊在一个类似于睡床装置的脚手架里，通过地上人员的拉动绳索来移动。这个蹩脚的提议，

米开朗基罗为自己设计的脚手架

立即被米开朗基罗拒绝，他讥笑地问伯拉孟特，如果在天顶上打洞，那么后期怎么覆盖这些洞呢？而且绳子能有多结实并保持平稳，可以让自己专心致志地作画呢？对于这些反问，伯拉孟特无法回答。所以米开朗基罗便开始了自己的作画平台的设计，他利用礼拜堂侧面的十扇天窗旁的洞孔做支撑，交替横插木头，利用当时已经存在的搭建技术，制造出一座离天顶距离1.8米，离地面距离15米高的木质平台。米开朗基罗可以在平台的有限空间里来回走动，并且可以左右移动

脚手架来获得更多的绘画空间，另外这个设计还给礼拜堂省出很多的地面空间，神职人员仍可以在天顶画的制作期间使用礼拜堂，做一些简单的仪式而互不影响。这个天才般的设计让伯拉孟特瞠目结舌，自愧不如，并偷偷地借用在自己所负责的圣彼得大教堂的天顶设计中。某些电影纪录片描绘米开朗基罗曾是躺在平台上作画的，虽然赋予这位艺术家更多的传奇色彩，但完全没有史学依据。根据意大利史学家瓦萨对米开朗基罗设计的脚手架的介绍:“四年来他一直是站立着，仰着头作画的。这无疑给艺术家的脖子带来了异常的痛楚，他的颈椎严重受损，甚至再也无法像常人一样阅读信件书籍，而必须要仰着头，高举书纸才可以进行，不仅如此，由于礼拜堂自然光不足，火把的明亮度也非常有限，长期以往导致他的视力急剧下降，甚至出现失明的症状。”不得不感叹米开朗基罗为了艺术，为了这幅天顶壁画，冒了多么巨大的健康风险。

### 2. 米开朗基罗是一个人完成这幅天顶画的吗?

如果认为米开朗基罗在四年中凭一人之力完成460平方米的巨型天顶画，那么你就天真了。其实米开朗基罗在1508-1509年中，曾经从弗洛伦萨请了一个团队过来帮他的忙，里面的画家不乏著名画师，比如巴斯蒂安诺·德·圣加洛，格兰纳其，朱里安诺·布加尔迪尼等等。因为整个团队严格按照米开朗基罗的底稿原翻临摹，所以画面整体非常和谐，甚至可以让观者误认为出自一个人之手。但是在1509年后，追求完美，而又性格怪癖的米开朗基罗开始讨厌这些助手，假借绘画不精的借口把他们一一辞退，从此就只剩下帮米开朗基罗磨颜料的学生了，天顶画的最后绘制全部由米开朗基罗一人亲自负责。

### 3. 绘画期间有没有遇到过难题？

米开朗基罗是做雕塑起家的艺术家，加上绘画作品少之又少，更不用谈壁画创作了。然而不接活便罢，一接活便接了一个近500平米的巨型天顶壁画。所以米开朗基罗在绘制期间没少下功夫，他重新学习壁画技巧，多次实验、更换颜料。比如说，在他绘制天顶画的初期，画面一直受霉菌的侵扰，因为他并没有像有经验的壁画艺术家一样使用石灰和沙子调制出来的砂浆打底作画，而是使用火山灰，外加颜料的水分比例没有调控好，使得画面非常湿滑而易滋生霉菌。米开朗基罗不得不刮去所有已经画好的部分，从头开始。这次他接受了安东尼奥·桑加罗的意见，用新制作的混合调料开始绘画，虽然颜料的风干过程更加缓慢，但的确有更好的密闭性，霉菌不易再生。

### 4. 这幅作品从绘画初期到现在一直都保持着这么明亮的色彩吗？

这幅作品从1508年至今已有500多年的历史了，不可能

壁画在最后一次修复过程中被彻底清洗，如今焕然一新.，恢复它原本明亮的彩色

一直保持着米开朗基罗设计之初的容貌——它经过了整整6次的修复。分别在1564年,1624年,1719年,1903-1905年,1935-1936年和1984-1994年,而且最后一次是长达十年的最大一次补修，意在运用最新技术消除由于宗教仪式频繁用烛而产生的油烟黑，并擦去历代修复家残留下来的石蜡和明胶，目的是让礼拜堂百年内不再进行任何其余的修复。但这也是艺术史上争议最大的一次修复，因为修复师们对修复方法争论不休,他们最后达成一致:“必须遵守修复师职业操守,尊重米开朗基罗的湿画画法。这次主要的修复工作是去污，而不是补色。”修复师惊喜地发现，把这些让画面泛黄染灰的杂质去除后，壁画重新露出当年的风采，色泽愉快而明亮。

## 04/ 最后的审判

这幅作品占据了西斯廷礼拜堂整堵祭坛墙的墙面，高13.4米，宽12米。描绘基督的再临——在这个充满“罪恶”的、“不完美”的世界的最后一次降临，目的是惩罚邪恶，奖励善功，对人类亲自实行最后的善与恶的审判。整幅作品和天顶画一样，花费米开朗基罗四年的光景才得以完成。但这幅壁画却是在天顶画完成后的25年才开始创作的，即从1536年伊始，终于1541年，可以说是米开朗基罗一生中最后的代表作品。从25年前的天顶画之一的《上帝分开光与暗》到如今的《最后的审判》，整部百万字的圣经就从头到尾以视觉艺术的形式，在西斯廷礼拜堂里展现在世人眼前。

这幅墙体壁画相比天顶上的壁画颜色要单一得多，它以天空的蔚蓝和赤裸着身体的肉色为主打，但如果我们仔细观察细节，还会发现米开朗基罗其实还以些许人物衣装的绿、黄、橘、红穿插其中，使得画面颜色略显丰富。画面上部分的无翼天使围绕着耶稣基督，听从指令，耶稣右手上举，左手平伸，表情专注，运筹帷幄，整个画面400多位人物似乎都在跟着他的手势移动，米开朗基罗用这个形象的方法表现审判者崇高无上的权威。他的头顶上方写着Ionas，其实是先知约拿，是米开朗基罗 25 年前画的西斯廷天顶的一部分。耶稣的左右两边站着他的门徒和圣经里记载着为他殉道的圣人们。

喜欢宗教艺术史的读者一定要好好利用这幅绘画，因为它可以教你辨别天主教中最主要的圣人们——在这一点上，天主教艺术与佛教艺术类似，它们都是通过人物所拿圣器的不同来表明自己身份的。比如在耶稣右边拿着天国金色和银色钥匙的是圣彼得，他似乎在询问天国大门应该对谁打开。他是基督教创始者耶稣所收的十二使徒之一，天主教会认为他是本教的第一任教皇。

画面中部分为左中右三个场景：

耶稣正下方的画面中部有八位吹着号角的天使，他们正在唤醒死者，宣示末日审判的开始，那两位拿着书本的天使，其实是在给世人们展示圣经里记载本次审判的章节：所有的这一切，都已经以预言的方式清清楚楚地写在圣经里，现在害怕，为时已晚。

画面左边的是被耶稣从地狱里救下来的人，无论魔鬼怎么拉扯他们，都抵挡不住他们的上升趋势，我们可以看到米开朗基罗无人可及的人体解剖功底，这些上升的人群

IONAS

们通过各种各样的角度、姿势，攀爬而上、拉拽而上，都被米开朗基罗一一创造了出来。有些细节特别值得回味，比如这位拉着绳子不放的穿着绿色斗篷的魔鬼，试图和即将升入天堂的善人一起被拉上天堂。处在与耶稣一个水平面的两侧是而被成功升入天堂的人们，他们在天国里重新团聚，立刻认出了已死去多时的亲人、朋友、爱人，喜极而泣互相拥抱亲吻。这无疑是整幅画里最喜庆感人的场景。

有人欢喜，有人忧，右边的主题与左边正好相反，讲的是犯了罪的人类，无论有多么不舍，终将下地狱，他们呈

1 | 2
  | 3

1. 冥府渡神卡戎正面目狰狞地恐吓着将要下地狱的人们

2. 天使们拳打脚踢地把罪人打下地狱

3. 在天堂团聚的亲人们喜极而泣相互拥抱

现下降趋势。天使们拳打脚踢地把这些罪人打下去，他们一个接一个的掉在通往地狱的木船上。我们来看看几个有意思的细节，一位束手无策的即将下地狱的罪人，用手遮住脸，满脸的绝望与无奈，毒蛇缠绕着他的身体，魔鬼抱住他的脚，一同把他往下拽。最右边有一位因为淫乱而被长着角的魔鬼拽住生殖器拖向地狱的罪人，他痛不欲生、不知所措，恐惧万分。

画面的左下方，死者从坟墓里爬出，接受审判。而正义的人，正被天使往上拽，带上天堂。这里的画面很有意思，比方说这位被天使从坟墓里拉出来的善者，被还在坟墓里的同伴拽着不让离去，因为他的同伴显然没有通过基督的审判，正在和天使进行一场拉力赛。画面正下方看似地下通道的“酒窖”，其实是赎罪的炼狱所在。在天主教教义中，这是罪恶不深的人接受惩罚、磨练，用来赎罪的地方，待赎罪完成，方可进入天堂。

画面右下方的掌舵人是冥府渡神卡戎，正面目狰狞地恐吓着将要下地狱的人们。船上的人们害怕至极，被依次赶下船只，挤向烈火焚烧的地狱。这里又出现了拔河似的拉扯，船上的人们不愿意同伴被船下的魔鬼拖入地狱，正在进行最后的挣扎。还有一位“英勇”的年轻人，不甘自己将要面临的苦行，挥着拳头，似乎正准备和魔鬼大打出手来个你死我活。可惜这种英勇来得太晚，因为耶稣已经对他的命运做出了决定。

在米开朗基罗还活着的时候，《最后的审判》里面 400 多位人物基本上是完完全全裸体的，甚至包括众多天主教的圣人。整幅作品唯一全身着装的人物是圣母玛丽亚，因为她在天主教中地位崇高，不属于被审判的人群，她虽然目击整场审判，但并不参与。在米开朗基罗四年的作画期间，红衣枢机主教比亚焦・达・切塞纳对画面上众多裸体的人物十分不满，他曾当面指责米开朗基罗："我不能容忍如此淫秽和不道德的绘画人物出现在神的居所，你的品格只适合给公共浴室和小酒馆做壁画。"米开朗基罗对他的批评心生怨恨，不仅不依不饶地继续绘制这些裸体人物，还把这位主教的面孔放在壁画右下角，长着驴耳朵，被毒蛇咬着生殖器的地狱审判法官米诺斯的身上，以示报复。主教愤怒至极，向教皇打小报告，请求教皇制裁这位亵渎神明的画师，毁掉这幅作品。开明的保罗三世开玩笑地回答道："我的裁判权没有延伸到地狱那么遥远。"意思是说你被画家安排在地狱守门，我真心是无可奈何，以此回绝了他的请求，壁画得以保留至今。不过话又说回来，在文艺复兴之前几百

1 | 2
3 |

1. 这位生前淫乱的罪人被魔鬼拽住生殖器拖向地狱，他痛不欲生、不知所措，恐惧万分

2. 这位罪人手遮住脸，满脸的绝望与无奈，毒蛇缠绕着他的身体，魔鬼抱住他的脚，一同把他往下拽

3. 这位拉着绳子不放的穿着绿色斗篷的罪人试图想和即将升入天堂的善人一起被拉上天堂

年的中世纪里，我们何曾看过赤身裸体的圣人？最多在寓意画中见过罪人被惩治时被剥光衣服的样子。但是米开朗基罗为了表现耶稣是以人类的行为而不是他们的社会地位来进行审判，因此他在画中不分善恶，一律让所有人物赤身裸体，以最直接的方式接受这种最公正的审判。所以这位桀骜不羁的艺术大师在刚刚走出中世纪百年黑暗的时代里，敢在天主教的总部里制作如此直白的作品，红衣主教的愤怒是可想而知的，但是画家的勇气和创新更加值得赞扬。

## Tip:
## 遮羞布事件

在壁画完成的20年后，米开朗基罗也已经去世。就在其去世不久后，天主教特伦特理事会便颁布了一个新的法令，俗称“宗教制图管理法”。这个法案再次谴责宗教艺术中裸体的图示，所以新教皇命人在1564年请了矫饰主义画家丹尼尔·沃尔特拉来给《最后的审判》所有的裸体人物画上绸布用以遮羞。丹尼尔·沃尔特拉根据人物的体型和动作，巧妙地在所有赤裸的男性双腿之间蒙上一层遮羞布，而对赤裸的女性人物，则直接加上了衣袍。因此意大利艺术史学界俏皮地给这位艺术家取了个别名:Braghettone(爱给别人套小裤的人)。

今日的这幅壁画，是1980-1994年修复后的最后状态。这次长达14年的修复工程不仅清洗了画面中由于长时间蜡烛烟熏而遗留下的黑色污渍，并且移除了将近一半的遮羞布。多亏了这次的修复，专家才能清洗画中担任地狱法官的米诺斯、当年羞辱责骂米开朗基罗的红衣主教的身体，此时世人才发现原来这位主教的生殖器一直被毒蛇撕咬。可见米开朗基罗对仇敌的报复心之阴狠，与但丁在《神曲》中对付现实对手的毒辣一样，表现得如此痛快淋漓，让人拍手叫绝。

# Part 3 作为博物馆的梵蒂冈

梵蒂冈除了博物馆之外，还有大教堂和广场可以供游客参观。它虽然是仅有 0.4 平方公里的迷你小国，却是享誉全球的圣彼得大教堂的所在地。这座全球占地面积最大、室内装潢最华丽、可同时容纳最多参观者等集众多之最的神的教堂，是建筑界的瑰宝。而教堂门前的圣彼得广场也是全意大利最大的广场，贝尔尼尼在广场上所建的巨型柱廊是它独一无二的象征，柱廊上的百座雕像让整座广场气宇不凡。

# 1/ 圣彼得大教堂

梵蒂冈的圣彼得大教堂是当今世界上最大的教堂，建筑本身宏伟壮丽，无与伦比。大教堂长 218 米，穹顶最高处高 133 米，占地 23000 平方米，可同时容纳 60000 人。教堂内部金碧辉煌，藏有众多艺术珍品，如米开朗基罗的《哀悼基督》、亚历山德罗·阿尔加迪的《利奥十一世陵寝》、贝尔尼尼的《祭坛华盖》等等。教堂得名于圣保罗，这位与耶稣最亲密的使徒在罗马传教时被异教徒杀害而殉教。公元 319 年，人们在梵蒂冈的公墓群里找到了他的墓碑。君士坦丁大帝便下令在这座墓碑之上修建一所教堂来祭奠这位使徒，教堂因此得名。这座老教堂年久失修，倒塌之后被埋藏地底。今日我们所见的圣彼得大教堂是文艺复兴时期的新作品，它在老教堂的原址之上所建，贝尔尼尼、波拉蒙特、拉斐尔、卡罗马尔基奥等等，这些让无数艺术爱好者为之一振的天才们都曾参与到这座新宗教圣殿的建筑设计中。从 1506 至 1785 年，一共经历了 278 个年头，囊括 13 位建筑师的心血，经数十万工匠之手的新圣彼得大教堂终于大功告成。它结构之巧妙、气魄之宏大、装饰之华美，举世无双，世上再

1
—
2

1. 圣彼得大教堂在夜晚的灯光照耀下披上了一丝神秘的色彩

2. 圣彼得大教堂正门门面气势宏伟，房顶上屹立着十三座高 5.7 米的雕塑——耶稣和他的使徒们

无任何一座教堂能与之媲美。

教堂正门面宽 115 米，高 45 米，是卡洛斯・马德内诺在 1607 年至 1614 年所作。两侧耸立着四支拥有莨苕柱头的装饰性壁柱，而中间的八支巨型柯林斯圆柱则穿过二楼巴洛克式的窗楣与阳台，连接正门中央三角楣。三角楣正中央以浮雕的形式刻有教皇的牧徽，这是安布罗博恩维奇诺在 1614 年的作品。三角楣下方刻有拉丁文所撰写的致辞："纪念使徒们中的'王子'。教皇保罗五世，姓博尔格兹，公元 1612 年，任期第七年献。""王子"是指基督的大门徒、这座教堂的同名圣徒——保罗。房顶上屹立着 13 座高 5.7 米的雕塑，正中间的耶稣基督左手拿着十字架，右手指天。身旁站着施洗者圣约翰与其他 11 位基督门徒，唯独缺了圣彼得，因为整座教堂就是圣彼得的化身。教堂正门门面上方左右两角分别设有 1785 年朱塞佩・瓦拉迪耳所铸造的大时钟，左侧大时钟下方，藏有六口青铜大钟，每逢整点敲响，敲击声震耳欲聋，响彻整个罗马城。

穿过巨型柯林斯圆柱，来到教堂的门廊部分。门廊右边有奥古斯丁・克尔那奇尼在 1725 年雕刻的查理曼大帝骑马像，另一头是贝尔尼尼在 1670 年所雕刻的君士坦丁大帝的骑马像。这两位曾经统治欧洲大片土地的君王都是虔诚的天主教徒，并且在极大程度上协助了天主教在欧洲的传播。所以教廷把这两位君王威风凛凛的戎马像摆放在圣彼得教堂的门廊里，既是鸣谢这两位君主对天主教的贡献，也是展示天主教信徒遍布欧洲皇室、享誉天下的荣耀。

门廊里共有五扇大门，从左到右依次为：死门、善恶门、中门、圣事门和圣门。除圣门外，每扇门都可以自由地开启或关闭。

每当教皇去世的时候，遗体都是从死门抬出去的。善恶门和中门是信徒们日常进出的大门。圣事门的一半只有在做礼拜的时候才会开启，得名于门上浮雕画《天使给人类宣布七宗圣事》。其中最右边的圣门每逢 25 年一次的禧年才会被打开一次。禧年是基督教中特别年份，世人的罪在这个年份中会得到宽恕。根据旧约圣经《肋未纪》中的规定，犹太人最早建立了禧年的传统，后被基督教会沿袭至今。在天主教中，禧年的到来是由教皇宣布的。目前天主教会固定每 25 年举行一次，教皇也可以自行指定某年份为特定禧年。在被宣告为禧年的年头里，教廷会开启位于罗马的四座特级宗座圣殿的圣门。作为特级宗座圣殿之首的圣彼得大教堂的圣门是由教皇亲自打开的，他双手合十带着信徒们一起步入圣堂，寓意为携手走入天堂，教皇会在之后的礼拜仪式时，给予所有朝圣者大赦。禧年的举行间隔历经改变，从百年一次、50 年一次，再转变到现今 25 年一次。最近一次的禧年盛世是由教皇方济各在 2016 年举行的慈悲特殊禧年。

圣彼得大教堂的青铜镀金圣门，是全世界面积最大、最重、最厚也是装饰最华丽的圣门，由维克・孔索迪 1950 年在佛罗伦萨铸造完成，后转送给教皇庇护十二世。圣门上有

1 | 2

1. 圣彼得大教堂的青铜镀金圣门，是全世界最大、最重、最厚也是装饰最华丽的圣门，圣门上有十六件青铜浮雕画，讲述着圣经里面脍炙人口的故事。

2. 贝尔尼尼在 1670 年所塑造的君士坦丁大帝的骑马像。

16件青铜浮雕画，讲述着圣经里面脍炙人口的故事，如亚当夏娃被赶出伊甸园、圣母玛利亚梦见天使加百利、基督被钉上十字架、基督复活、圣彼得传教等等，但是最有意思的是右下角最后一幅画，他讲述的是20世纪50年代，庇护十二世邀请铸铜师造此扇圣门的故事，艺术家聪明地把自己的资助人——庇护十二世和千年前的圣经人物放在同一件作品里，以此恭维了他的雇主。圣门正上方用拉丁文刻有教皇的名号，铭文与牧徽。历代教皇的牧徽基本上都是如出一辙：两把交叉的钥匙与代表教皇权柄的圆通礼帽。

教堂前半部分共分三个廊殿：左殿、正殿和右殿。而尾部又立有中殿、回廊和后殿，以及圣器收藏室。宏大的空间让人眩晕，其长218米，宽114米，高45米，占地面积2.3万平方米，可同时容纳6万人，无愧于世界上最大最美的基督教堂美誉。

正殿入口的两侧分别放置了“圣水钵”，供天主教徒在进入教堂时以手指蘸圣水、于胸前画十字使用。这两个圣水钵被智天使所托，高2米，是教皇本笃十三世委任雕塑家默德拉底在1720年所作。每根花岗岩支撑柱上用大理石刻有历任重要的教皇头像，共38位。而壁龛内则雕有39位天主教不同宗派的创始人，如圣特蕾莎、圣弗朗西斯科等均是影响过天主教的重要修女与教父，虽在各国开创自己的宗派，但都皈依于天主教门下。抬头仰望贝尔尼尼所设计的镶金格间天花板，它直接表明了教堂巴洛克艺术的身份。在靠近圆形穹顶的正殿部位，摆设着由堪比欧在13世纪所塑造的圣彼得坐像。彼得的右脚迈出宝座，信徒们长年累月握着他的脚祷告祈福，如今已被摸得发亮。靠近华盖部位，有一处地底洞穴，是通向地底教堂的入口，里面供奉着多位教皇陵寝。它的入口如今已被移至圣彼得教堂外的北门。教堂正殿的终点是贝尔尼尼所设计的巨大华盖，它用来荫蔽教皇的祭坛。而教堂后殿里则藏有著名的“圣彼得的主教座”。

教堂右殿第一个礼拜堂里，藏有米开朗基罗的成名作《哀悼基督》，往里走则可见瑞典克里斯蒂娜女王的陵寝。她在1654年宣布退位，只为皈依天主教成为修女。梵蒂冈聘请雕塑师为女王打造陵寝，以此表示对女王的虔诚。在陵寝上方的铜章上刻有女王的侧面浮雕，而两位爱神展示的王冠表示克里斯蒂娜曾经的女王身份。右殿第二个礼拜堂里，藏有史上非常著名的荷兰裔教皇若望·保禄二世的陵寝。若望·保禄二世于1978年至2005年在位，是天主教史上任期第二长的教皇。80年代初曾被极端分子在圣彼得广场上连射两枪倒地晕厥，成为国际社会的焦点人物。右殿最大的礼拜堂里，存放着贝尔尼尼在1644年设计的镀金青铜神龛，里面藏着对天主教信徒而言，最神圣的教义。神龛的形状很有意思，圣彼得大教堂的第一任总设计师伯拉孟特曾在蒙德利欧街区建造了一座圣彼得小神庙。贝尔尼尼则照着这个小神庙的模样，造出了一个神龛摆放在圣彼得大教堂里，是他向伯拉孟特对教廷所做的贡献而表示的敬意。

教坛左殿的第一个小礼拜堂是洗礼池，是依诺增爵十二世请卡罗·丰塔纳所铸造，专门用来给欧洲重要的皇室成员新生婴儿做洗礼。洗礼池弥漫着纯纯的巴洛克风，红色花岗岩上托着一个青铜镀金华盖，两个小爱神展示着一枚宗教勋章。在勋章里以浅浮雕的形式凿刻出的地球象征着人类世界，天父与天子各坐在球体两边，代表他们无时无刻不在关注着人类，球体上方光芒万丈，是天父耶和华的无边能量

1
2 | 3

1. 卡罗·丰塔纳所铸青铜镀金洗礼池
2. 伯拉孟特所设计的圣彼得小神庙。贝尔尼尼的神龛便是依它所造
3. 贝尔尼尼在 1644 年设计的青铜镀金神龛，里面藏着对天主教信徒而言最神圣的教义

1
—
2

1. 斯图亚特王室纪念碑，碑上刻有皇室成员的侧面像浅浮雕

2. 两位爱神在克里斯蒂娜女王的陵墓上展示着她的王冠

的象征。卡罗·丰塔纳在华盖的最顶端，雕刻了一只揣着旗帜的绵羊，它代表信教的基督徒。左殿前方壁柱里藏有斯图亚特王室纪念碑，分别纪念在 1371 年至 1714 年间统治苏格兰和 1603 年至 1714 年间统治英格兰和爱尔兰的王朝。其王室成员的祖先可以追溯至公元 11 世纪法国布列塔尼的地方贵族，斯图亚特是第一个成功统治整个不列颠群岛的王室。和信奉英国国教的其他王室不同，斯图亚特是虔诚的天主教信徒，所以也曾引起英国内部的信仰危机。但无论如何，梵蒂冈为了让教皇铭记斯图亚特王朝的忠诚，特别在 1819 年邀请安东尼奥·卡诺瓦雕铸了这尊纪念碑。左殿的第二个礼拜堂藏有教皇本笃十五世和教皇约翰二十三世的纪念碑，靠着壁柱的棺木存放着依诺增爵八世和庇护十世的遗体。在左殿后半部是圣物储藏室，曾是神职人员在做礼拜和告文前更换衣物的地方，如今是教堂内的小博物馆。

## 01/ 华盖

贝尔尼尼所设计的青铜镶金质的祭坛华盖，是人类雕塑艺术史中的精品。自 1623 年起，这位巴洛克大师历经整整 11 年的时间才把它雕刻完成。在普通教堂中，牧师做礼拜时使用的祭坛往往是一张方形长桌，很少能见到装饰祭坛的华盖。可是作为天主教教堂之首的圣彼得巴西利卡式教堂，是教皇本人亲自主持宗教仪式的地方，对祭坛的装饰程度自然不可同日而语。

贝尔尼尼把当时掌握的所有巴洛克艺术的精华，全部用在这个华盖的制作上。它位于教堂中殿和耳堂的交汇处，在拱形穹顶的正下方，高 20 米，处于整个巴西利卡式教堂内部结构的视觉中心。华盖的下方是教皇祭坛——历代教皇为信徒做礼拜的地方，但是这并不是华盖真正保护的圣物。在华盖的地底，藏有在公元 3 世纪发现的圣彼得的墓穴。用建筑师贝尔尼尼本人的话说："在我一生结束前，可以为本教开宗教皇的陵寝搭上华盖，死而瞑目。"站在这个比例巨大的华盖面前，会使观者感觉自己异常渺小，顿时让人心生敬畏。

华盖由四根螺旋形镶金圆柱所支撑，而这些青铜圆柱

屹立于大理石质的底座上。底座上雕有教皇乌尔巴诺八世的牧徽。教皇乌尔巴诺八世是贝尔尼尼的赞助商，来自意大利的巴贝里尼家庭，他们以蜜蜂与月桂叶作为族徽。教皇的牧徽玄机极深，牧徽正上方是代表教皇权柄的三重冕，下方交叉摆放着两把象征天堂之门的钥匙，这也是圣彼得的圣物，刻有蜜蜂样式的盾牌是乌尔巴诺八世的家族盾徽。粗粗一看，这枚牧徽和其他教皇的别无二样，它总共由三个部分组成：三重冕、钥匙、盾徽。但是，亲爱的读者们，要真是这样粗略的看，你就真错过了这个牧徽最重要的部分！我们再仔细地看看这两把钥匙的交叉处，它们的下方刻有一个看上去极其痛苦的女人头！我们再仔细地看看这个刻有族徽的盾牌，这哪里是简单的盾徽，这分明是女人膨胀的肚子！而盾牌下方看上去像装饰性束带的东西，其实是女人的生殖器——教皇乌尔巴诺八世的牧徽其实是一个正在分娩的女人！这不得不赞叹活在巴洛克艺术时期的教皇，也讲潮流追时尚，让自己的牧徽也带有巴洛克情趣！

我们回头来看这个华盖，四个青铜柱，底粗头细，以盘旋姿态上升直指拱形穹顶。青铜柱的铸造过程极为烦琐，柱头与底座分开锻造，而且柱身也因过于庞大，被分成了三节分别煅烧。底部第一节的几何形镶金纹饰，是受耶路撒冷的所罗门圣殿支撑柱的灵感启发。公元 3 世纪君士坦丁大帝，曾把这些大理石支撑柱从耶路撒冷运来罗马，铸造老彼得大教堂，可惜在老教堂坍塌之后，这些千年圆柱也跟着消失了。贝尔尼尼是用这种方式向不复存在的老教堂表示最深重的敬意。青铜柱的第二节与第三节，依然以螺旋型结构盘旋而上，但镶金纹饰则采用巴洛克时期的代表纹理——月桂枝叶。圆柱以镶金的柯林斯和爱奥尼奥的混合柱头封顶，支撑起华盖的下半部。我们还能在贝尔尼尼留下的建筑原稿中，欣赏到他的佳作。华盖檐口的四周挂着帷帐，贝尔尼尼命人用金丝线，在上面缝缀着乌尔巴诺八世蜜蜂图案的族徽。当教堂天窗大开的时候，帷帐会随风摆动，让整个巴洛克式的华盖动感十足。仰头望去，华盖的底面绘有一个粗大的等边希腊十字型，这代表圣子曾死在十字架上为世人赎罪，而在十字架的中心则绘有光芒四射的太阳，代表圣父无上权柄的光辉，太阳的中心则出现了一个代表圣灵的鸽子，这只鸽子也曾降临在受过洗礼的耶稣基督的头上。如此，

教皇教皇乌尔巴诺八世的牧徽玄机极深

天主教的三位一体的概念便生动形象地表现出来了。华盖顶部的四角竖立着四个拿着月桂枝的天使，寓意纯洁。华盖的顶部中央有一个金球，金球的上方，也是华盖的最高点，竖立着一副镶金十字架。金球寓意地球，十字架是基督教的象征，意味着基督教统领世界。顶部的东面雕刻着两个小爱神，其中坐着的小爱神拿着天堂的钥匙，另外一个则拿着象征教皇权柄的三重冕，飞向拿着钥匙的小爱神要给他加冕。意为信教的世人皆有属灵的钥匙，在末日审判之日被主复活，给上帝之子耶稣加冕。贝尔尼尼的华盖在巴洛克艺术的建筑史上，是第一个结合建筑与雕塑的作品，巴洛克艺术自此之后，迅速风靡至法国、德国和荷兰。

VIA DILIGO TE
NC VNA FID

VNDO REFVLGET
O PETRE
ΒΟΣ ΚΕΙΣ ΤΑ

## 02/ 圣彼得主教座

华盖正后方存放着一件著名的宗教遗物："圣彼得主教座"。它被放在教堂后殿，与教堂大门正好是头与尾的关系，后殿是举行小型弥撒的场所。关于这把椅子的由来共有两种说法：

根据中世纪的传说，在公元一世纪中期，圣彼得来罗马传教，被当时的罗马参议院议员布田热情接待，布田很快皈依基督教，并由圣彼得施浸。作为回赠，布田把这把椅子赠送给了圣彼得。他们两人的关系很快被罗马帝国的著名暴君尼禄发现，尼禄当即处死了这位笃信"邪门歪道"的罗马参议院议员布田。布田后被天主教追封为殉教圣人。

另外一说，这把木制椅子是公元 875 年神圣罗马帝国皇帝"秃头查理"送给教皇约翰八世的礼物，后以主教座的身份服务过多位教皇。

无论人们更倾向于哪种说法，这把椅子在天主教教徒的心中绝不一般。1647 年，贝尔尼尼被教皇亚历山大七世请来制作一个圣物箱，意在把主教座完完整整地放进去，并把这个圣物箱当画一样裱起来挂在墙面上，让信徒观赏膜拜。教皇本笃十六世也曾说过："这把主教座象征着圣彼得和他的继任者们的特殊使命——照料基督的羊群，使它们因信仰和慈善团结在一起。”基督的羊群指的是信耶稣的教徒。圣彼得的继任者指的是历任天主教教皇本人。天主教在公元3世纪追封圣彼得为第一任教皇。

如今我们再也无法看到这把主教座的庐山真面目，因为它已经被贝尔尼尼制作的圣物箱所包围。当然身为巴洛克艺术的先驱，怎么可能只做一个长方形的木头箱子这么简单。他以主教座的形状重新制作了一把新的镀金橡木椅来当作圣物箱，完完整整，不偏不倚地把主教座包裹在其中，从而不破坏教堂整体巴洛克式的美感。圣彼得的主教座则成为椅子里的椅子。虽然我们无法亲眼见到这把主教座，聪明的艺术史学家还是从古籍中找到了原主教座的设计草图和资料，它高1.34米，长0.89米，宽0.57米，椅背高0.78米，由橡木和深色合欢木制成，以象牙片点缀椅背和扶手，并在全身刻有古希腊最伟大的英雄——赫拉克勒斯的传奇故事。贝尔尼尼在“圣彼得主教座”的脚下，雕塑出四位基督教的教会圣师，站在最外边的两位分别是西方圣师：圣安波罗修与圣奥古斯丁，他们俩

1/2

1. 主教座如今完全藏在贝尔尼尼为他设计的圣物箱里，这个镀金圣物箱完全以主教座的轮廓打造成形，让人误以为它就是主教座的真身

2. 这是教堂里唯一一扇彩绘玻璃窗，通体金黄，绘有太阳光束花纹，中间烧铸出一只象征圣灵的白鸽，意味着代表上帝的圣灵会永远领导着教皇圣彼得和他的继任者们的属灵工作

穿着天主教的主教法冠；靠近圣物箱的则是两位东方圣师：圣金口若望与圣亚他那修，他俩拿着从宝座上垂下来的束带。宝座的上方是圣彼得大教堂唯一一扇彩绘玻璃窗，通体金黄，绘有太阳光束花纹，中间浇铸出一只象征圣灵的白鸽，它身处圣彼得主教座的上方，喻意非常明显：代表上帝的圣灵会永远领导着教皇圣彼得和他的继任者们的属灵工作。彩窗虽然不大，但是每当傍晚太阳落山之际，绚丽的阳光会从这座朝着正西方向的彩窗照射进教堂，使得这个后殿金碧辉煌、光彩熠熠。在彩绘玻璃上方的镀金檐壁上，分别用拉丁文和古希腊文写着同一句话："哦！教廷的牧羊人，你确确实实喂养着耶稣的羊羔和绵羊。"教廷的牧羊人指的是教皇。羊羔指得是所有不分宗教信仰的善良的人，绵羊则指的是接受过洗礼的基督教信徒。

贝尔尼尼熟练地运用"光"这个元素，刻画出神奇的艺术效果，这是巴洛克艺术的独特之处。与藏于圣马利亚·德拉·维多利亚教堂里的《圣特雷萨的沉迷》一样，贝尔尼尼在"圣彼得主教座"中把建筑、雕塑和绘画三重视觉艺术完美地融为一体，并始终把光这个元素发挥到极致，堪称一场视觉盛宴，把巴洛克艺术推向顶峰！这两件贝尔尼尼的作品都是巴洛克艺术史中最上等的杰作。

## 03/ 穹窿顶

穹窿顶建在这座罗马式教堂的十字形交叉口，处于圣彼得的墓穴和贝尔尼尼所建华盖的正上方。穹隆顶塔高 133 米，直径 41.5 米，只比罗马万神庙的拱顶小一丁点，从教堂地基到塔的最顶端，共有 537 级砖块。这个穹隆圆顶不仅是圣彼得大教堂的精华部分，也是整个罗马城的地标性建筑。文艺复兴三杰之一米开朗基罗，从 1546 年起亲自操刀，组织工匠打造这座穹隆圆顶。为了完成这件作品，他费心费力，一直工作到生命的终结。之后，贾科莫·德拉门接过他没能结束的工程，并衷心地按照他的当初设计图，监督工匠们的活计，终于在 1580 年彻底完成了这座穹隆圆顶的建设。

1|2
3|4

1. 圣维罗妮卡举着印有耶稣脸庞的“圣纱”

2. 圣龙吉那拿着刺穿耶稣肋骨的“圣矛”

3. 圣赫勒右手持有“真十字架”

4. 圣安德鲁拿着他自己的“殉教十字架”

圆顶外部由 32 根爱奥尼亚式双柱托起，在双柱之间设有 16 扇方形天窗。圆形穹顶上部还设有一座塔上之塔，称作灯笼式小天顶，高 2 米，内部绘有天父耶和华的图像。这样的设计在西欧建筑学上叫做双层大顶式，是罗曼式大型教堂常用的建筑模式。在这个塔上之塔的最上方，安放着象征梵蒂冈神权的金球与十字架。修复人员在 2005 年给灯笼式天顶做清洁的时候，在金色圆球里意外地发现建筑师贾科莫 · 德拉门在 1593 年留下的手稿。手稿里详细记载了这个穹顶的建筑过程，使意大利史学界欣喜万分。

圆顶内部由四根周长 71 米的巨大无比的壁柱来支撑整个结构，每根巨型壁柱分别能装下一个小教堂，可想而知被托起的圆顶多么庞大，光重量就超过 14000 吨。在四根柱子的壁龛中，分别藏有一位圣人遗迹——圣赫勒右手持有“真十字架”，由安德烈 · 博尔吉所雕塑；圣龙吉那拿着刺穿耶稣肋骨的“圣矛”，由贝尔尼尼所作；圣安德鲁拿着他自己的“殉教十字架”，由弗朗索瓦 · 杜克斯诺所作；最后是圣维罗妮卡举着印有耶稣脸庞的“圣纱”，由弗朗切斯科 · 墨池所作。

圆顶内部镶嵌画的装饰是由卡拉瓦乔的老

师——阿尔皮诺和乔瓦尼·德·韦基共同完成的。穹隅上（四个支撑墩与圆拱的连接部分）分别绘有四本福音书的作者头像：马太、马克、路加和约翰。上方的圆形檐壁口刺有拉丁文："你是圣彼得，在你的坟墓上铸造我的教廷。我将赠与你天庭的钥匙。"在天窗上方的圆顶内部，两位艺术家用贴金镶嵌画的方式，共绘制了96位人物，分别是耶稣基督、十二门徒与天主教历史上的诸位圣人。圆顶的顶端镶有16个小天使的脑袋，他们把灯笼式天窗围成一圈，圈内则是星光点点的蓝色穹宇。穹宇内部再次刻有拉丁铭文："荣誉属于圣彼得。教皇西斯都五世，公元1590年，任期的第五年"的字样。最后在灯笼式天窗的穹顶上，也是整座教堂的最高点，艺术家绘出天父耶和华被八位小天使包围着缓缓而降的样子，象征着这个圣彼得大教堂都包融在主的爱护里，无疑是教堂内部装饰的画龙点睛之笔。

游览者可以在没有宗教仪式的时候付费登顶，近距离欣赏穹顶天花板上的镶嵌画，并且通过天窗门，走出穹顶，来到室外，将整个罗马城的景色尽收眼底，好不惬意！

1
—
2

1. 苍穹圆顶的内部镶金装饰把巴洛克艺术推向巅峰

2. 圆顶外部的最高峰——金球与十字架。2005 年修复时在金色圆球里喜获建筑师在四百年前遗留下来的手稿

## 04/ 哀悼基督

教堂右侧走廊的第一个小礼拜堂里，坐落着米开朗基罗年轻时的作品——《哀悼基督》，这个极其著名的大理石雕塑，诞生于 1497 年，是米开朗基罗在 20 岁时所创，也是他的成名作，在西方艺术史上有极其重要的地位，甚至被艺术史学家称为西方现存的最重要的雕塑之一。其实众人不知，这是米开朗基罗唯一一个签了名字的作品。他用拉丁文在圣母的胸衣肩带上刻有："佛罗伦萨人，米开朗基罗·布奥纳罗蒂所作。"

雕塑的故事题材来自《圣经》，刻画出圣母玛利亚怀抱着垂死的基督，一幅悲痛欲绝的神情。基督躺在圣母双膝之间，他的肋骨上有一道清晰的伤痕，这是罗马士兵用矛刺穿他的肋骨所留下的，目的是确认被钉在十字架上的基督是否死亡。垂死的基督的头向后仰垂，右臂搭在圣母的右膝上，完全没有了生命迹象。

圣母面容柔和，但表情极度悲伤，她穿着长袍和斗篷，左手向后伸开，掌心向上，右手托着基督的肩部，似乎在说"我的儿子呀，为何你已离我而去，又为何犹太人会出卖了你？"

塑形上采用了典型的金字塔三角型，圣母的头顶便是塔

顶，在长袍之下的山石便是金字塔的塔底。长袍的运用既完美地衬托了玛丽亚的轮廓，也遮住了这位女子的身体——这是非常必要的，因为她是天主教中位置仅次于圣父耶和华和圣子耶稣之后的圣母。长袍的另一个功用是为了调和雕塑美感与实际比例的冲突。为什么这么说呢？耶稣基督是以实体成年男子的大小和重量躺在圣母的双腿上，圣母的双腿单薄轻盈，从力学角度来说是不可能承受住耶稣的尸体的。所以米开朗基罗用了大面积的“长袍”是为了增加雕塑底端的重量，来平衡耶稣基督的卧姿。

另外，米开朗基罗在雕像表面进行了细致打磨，使得作品平滑光亮，非常符合文艺复兴初期的审美逻辑。

但是我们仔细一看，一定会觉得哪里不对劲。耶稣基督是在33岁时被罗马士兵钉上十字架，那么就大胆估计玛丽亚是在20岁的时候生下圣子，此时的她起码有53岁。那为什么玛利亚看上去如此年轻？米开朗基罗为什么塑造了一位少女的模样？其实，早在米开朗基罗的自传中，他就透露了原因："你们不知道圣母玛利亚是纯洁崇高的化身吗？她以纯洁少女的身份，诞下了没有继承人类原罪的、完美的基督。而且她的一生，从未堕入污秽的凡人欲望里。她自然能够永葆青春。"

西方美术史学家认为，米开朗基罗并不是自然主义的信徒，而是以理想主义的方式创作出他的成名作，让玛利亚永远停留在她孕育耶稣基督时的年龄就是最好的证明。其实这也不难理解的，当时的米开朗基罗仅仅是一位二十出头的艺术"愤青"。当世人走进西斯廷礼拜堂，看见他在50年后充满"阴谋、讽刺、复仇式地"绘制的《最后的审判》时，也无需惊讶，因为艺术家此时已经经历了人生的艰辛困苦、尔虞我诈，开始步入晚年。

在结束这件作品的讲解之际，有必要告诉大家一个可笑也可恶的小插曲：1972年3月21日，一位来自澳大利亚的34岁名叫拉斯洛·托特的男子，躲过警卫人员的守备，偷偷靠近作品，在短短的几秒钟内，用锤子连续击打了15次《哀

1|2|3

1. 米开朗基罗在圣母胸衣肩带上的签名
2. 圣母面容柔和，但表情极度悲哀，耶稣躺在圣母的怀中，完全失去了生命的迹象
3. 托特虽然迅速被保安制服，但是圣母的手臂已经被他完全敲断

悼基督》，并高喊："我就是重新复活的耶稣基督！"作品受到了严重损伤，尤其是圣母玛利亚，被凿出50余块碎片，左手手臂被彻底凿脱，膝盖部分也被敲出一个巨大凹陷，鼻子基本上也已经全毁。修复工程在事故发生后的一星期内着手开始，多亏圣母玛利亚有众多临摹作品，修复家可以非常准确地复原她的身体。而这位男子则被意大利司法机关以破坏公物罪判刑一年，出狱后被遣返澳大利亚。从此以后，《哀悼基督》便被梵蒂冈加上了一层防弹玻璃，观众与作品的距离也强制性增加到了十米开外。

## 05/ 教皇亚历山大七世陵寝

这座纪念碑式的陵寝雕工复杂，意味深长，与圣彼得大教堂内的其他陵墓相比，显得与众不同。教皇亚历山大七世是圣彼得教堂的建筑收工阶段的赞助人，贝尔尼尼就是他亲自出资聘请的建筑师。他在圆寂之前，委托贝尔尼尼制作自己的陵寝。面对赞助人，贝尔尼尼自然不敢怠慢。他从 1671 年起耗时整整 7 年才完成这座雕塑群，而就在这幅作品建好的两年后，83 岁的贝尔尼尼也离开人世，所以本作品也是这位巴洛克艺术大师璀璨一生中的收官之作。

陵墓之上的雕塑群里共包含六位人物，五种色调。四位用白色大理石雕刻的女神，坐落在作品的四周。抱着婴儿的慈悲女神在雕塑群的左下角，深情脉脉地注视着教皇本人。右边踩着地球仪的真理女神，为教皇的离世难过不已，低头沉思。教皇本人则双手合十，跪在绿色大理石台基上，一幅虔诚无比的样子。屹立在教皇身后的两位女神，分别是审判女神和贤明女神。因为摆放这组雕塑的神龛过高过深，所以站在地表面上的参观者，身高不超过两米的话，很难亲眼目睹这两位隐藏在教皇身后的女神。这块翻腾着、打着褶的、动态的鲜红色大理石质的“绸布”和四位静态的、神态安详的、白色大理石质的女神们凑在一起，创造出极大的反差效

果。贝尔尼尼的塑形技艺无人能及：他把坚硬的西西里铁石英当作轻柔的绸布，可以随心所欲地塑造成各种所需效果，堪称一绝。另外整组雕塑的黑色底座，恰好衬托出陵墓主题。有意思的是，一只金色骷髅莽莽撞撞地从地狱之门里飞出来，却被四位女神的绸布乱了手脚，它挣扎着从绸布里蹦出来，可脑袋还被埋在绸布下脱不了身，气急败坏的它左手挡开绸布，右手高举着沙漏，示意时间将近，提醒众人必有一死，而且只要时辰一到，无论你想如何拖延都将无济于事。注意，骷髅飞出来的地狱之门，其实就是教堂里一扇通往侧殿的小门而已。可一经艺术家之手，便把它形象地融入作品中。他竟然可以如此巧妙地把教堂里的建筑元素和自己的雕塑作品联系起来，真不亏是巴洛克时期的艺术大师。这组陵寝雕塑群，堪称巴洛克艺术的绝世代表作，无论是从彩色大理石的红、黄、绿、白、黑五种颜色的和谐搭配上，还是雕塑群整体构图结构上，都毫无缺陷。

告诉大家一个非常有意思的细节：真理女神脚下踩着一根刺，刺落在地球仪上的英国国土。贝尔尼尼其实是在暗示，在教皇亚历山大七世的统治期间，他一直努力压制英国国教的势力，他虽然保住了天主教在英国信徒中的权威，但英国国教也像一根刺一样，扎进了教皇亚历山大七世的脚中，成了他不得安心的脚中刺。

在贝尔尼尼交稿的时候，已经是教皇亚历山大七世死后的第 11 个年头了。他和他的雇主曾经的在世之约，是以巴洛克精神为主，采用古希腊古典审美哲学为基础，来打造这座陵墓，所以“真理女神”最初是以通体赤裸的方式呈现，象征欺骗无处可藏；而“慈善女神”也是赤裸着丰满的乳房，意味着慈母的乳汁喂养世人。可新任教皇依诺增爵十一世，非常厌恶如此放荡不羁的艺术表现方式，下令禁止该作品进入圣彼得教堂。为了履行对已故前任教皇亚历山大七世许下的承诺，贝尔尼尼出于无奈，只好给这两位袒胸露乳的女神雕上大衣，作品方得新教皇许可摆入教堂。

# 2/ 圣彼得广场

大教堂前的圣彼得广场，建于 1656 年至 1667 年间，可同时容纳 15 万人。广场外围是梵蒂冈与意大利的国界，广场内部则是教徒庆祝重大宗教节日的场地。凡遇周日教皇主持礼拜之时，广场上总是人山人海，来自全球的天主教信徒定把它挤得水泄不通，只为亲眼目睹教皇尊容。另外，教廷在每年的圣诞节期间，都会隆重地装饰圣彼得广场，摆上巨型圣诞树和基督降生的场景雕塑，非常值得参观者前来一探究竟。

广场总设计师贝尔尼尼把当时风靡于世的巴洛克艺术在这片广场区域发挥到了极致，把西欧建筑艺术推向了一个全新的高度。广场纵长 320 米，西边部分呈现出巨大的梯字形，连接圣彼得教堂与梵蒂冈邮局，是梵蒂冈与意大利国界的一部分。而广场的南北两部分则分别被两组巨型长廊所环抱，而形成椭圆形的空间，此空间的平均直径为 240 米。按照建筑师贝尔尼尼自己的说法：“如果把圣彼得大教堂比做圣彼得的头颅，那么这两组列柱长廊，则象征着圣彼得的两只手臂。它们环绕着忠诚的天主教信徒，给予他们世间最充满爱意、最温暖的拥抱，好让他们的信仰更加坚定。同时，它也怀抱

圣彼得广场是巴洛克艺术的精华，它把动态美学推向了巅峰

所有不信教的人们，好让他们重识真理的曙光。”无论你是否赞成建筑师如此诗意的构思，还是你有无宗教信仰，当你站在圣彼得广场中央时，都一定能感受到发自于内心的灵性之光。

告诉大家一个小秘密，贝尔尼尼当年在建造广场东边时，打算同时建造出“第三条手臂”，希望把这个椭圆形的空间彻底包围。但由于当时赞助贝尔尼尼工程的教皇亚历山大七世突然驾崩，迫于财政压力，“第三条手臂”的建筑计划不了了之，圣彼得广场得以保存今日所见的模样。贝尔尼尼为何希望封闭广场呢？其实他的用意很简单，他希望用列柱长廊把广场彻底包围，以此和长廊之外的罗马城波尔格街区完全分开，从此再也没有大型的广场入口，路人只可从长廊里四排廊柱的空隙中进出。如此一来，增加了广场的神秘感，好让第一次来梵蒂冈朝圣的信徒，在误入广场时，被广场内部豁然开朗的宽阔空间所震撼，由此显得圣彼得广场更加气势非凡，宏大无比。

## 01/ 方尖碑

广场中心竖立着来自埃及的《方尖碑》，高 25.5 米，红色花岗岩质地，尖碑底座和顶部的青铜十字架，以及基吉家族的盾徽，都是后来在教皇的旨意下加上去的，所有元素加在一起共高 40 米。底座四周嵌有四只青铜狮子，并用拉丁文刻着撰文："看吧，这是主的十字架，跑吧，你们这群恶人，犹大之狮必将获胜。"犹大之狮象征救世主耶稣基督。这个方尖碑大有来头，创作于古埃及的富裕城市——赫里奥波里斯，后被运送到埃及亚历山大港，一直装饰着她的城市广场。在公元 40 年，被古罗马奥古斯都皇帝从埃及强行运来罗马，从此就一直在梵蒂冈山丘不远处伫立着。它见证了新老两座圣彼得大教堂的兴衰。1586 年，教皇西斯多五世把它搬到现今这个位置，用来装饰圣彼得广场。据考证，梵蒂冈的这尊方尖碑是整个罗马唯一一尊从没有倒塌过的方尖碑。在中世纪时期，有民间传闻，声称在这座方尖碑顶部的镀金圆球里装着凯撒的骨灰，所以市民对它格外尊敬。当贝尔尼尼布置广场装饰的时候，特意移除了尖顶上的这个圆球，取而代之加上了代表教皇基吉家族的盾徽和十字架。十字架也许我们很好理解，是为了让这尊本用来献祭埃及太阳神的异教方

卡洛斯·马德内所设计的喷泉被贝尔尼尼挪动了位置，它如今和谐地伫立在广场的南边和贝尔尼尼的喷泉等边对称

尖碑，“改良”成符合天主教教义的装饰品。但是为何又会出现家族盾徽呢？因为聪明的贝尔尼尼以此奉承他当时的雇主——来自意大利久负盛名的基吉家族的教皇亚历山大七世。方尖碑周围的圆形块石路面是特别设计的，为的是更明晰地显示出方尖碑的影子。因为它身处圣彼得大教堂的正东方，所以可以通过它在阳光下的影子来分辨出每日的时间，如此一来，以广场地面上的石灰标记作晷盘，方尖碑便摇身一变，成为全罗马最大的日晷时针。

## 02/ 喷泉

在方尖碑的平行线上，对称设立着两个大型喷泉，它们与方尖碑的距离完全相等。第一座是卡洛斯·马德内诺在1614年所建，另外一座是贝尔尼尼于1675年补建。这里藏着一个特别有趣的小故事，当年卡洛斯·马德内诺所建的喷泉，被他随意摆在广场的某个角落里，只为更加方便地与地下水管道连接，好让喷泉可以源源不断地喷水。这个十分不考究的摆设方案，彻底打乱了圣彼得广场的和谐美，广场的新设计师贝尔尼尼，对这座喷泉的位置深恶痛绝，可他又没办法把喷泉移到广场的中间，因为从1586年起，埃及方尖碑便已占据了这个视觉中心。虽然教皇给的时间不充裕，贝尔尼尼还是硬着头皮仿照这个现有喷泉建了一个全新的，并重新设计广场的地下水管道系统，好让旧喷泉按照方尖碑的水平线移至广场北部，新喷泉则放在广场南部，使其等边对称，不再破坏广场的和谐。喷泉上半部分的鱼鳞式雕刻华美复杂，体现巴洛克时期的美学逻辑，在夜晚灯光的照耀下静穆、和谐却又气势辉煌。我们还能在早期绘画中见到它起初建成的原样，百年过后，魅力依旧。

1
—
2

1. 贝尔尼尼选择粗大雄壮的多利安柱式来撑起柱廊，使得整个广场的气氛厚重有力、富有英雄感
2. 列柱长廊上 140 座圣徒雕塑，让人顿生敬畏

## 03/ 列柱长廊

广场南北两边的列柱长廊，是巴洛克大师贝尔尼尼的代表作，它们共由 4 排 284 个圆柱、88 个壁柱所组成。1670 年前后，贝尔尼尼的学徒们在列柱长廊顶部新增了 140 座圣徒雕塑，南北长廊上各 70 座，雕塑均高 3.2 米，面朝广场，注视着朝圣者。贝尔尼尼所建的列柱长廊，是人类建筑史上的奇迹，它雄伟壮观，气势恢弘，让人震撼无比。而长廊上的圣徒雕像，更衬托出整座建筑气宇不凡。贝尔尼尼选择粗大雄壮的多利安柱来撑起柱廊，让整个广场的氛围显得厚重有力，富有英雄感。仔细对比这四排圆柱，我们会发现，它们的直径由里到外越来越大。这一是出于力学考虑，弯曲柱廊的受力面随着角度增大而大，受力便越强，外围支撑柱则需要建得更粗以此承重；二是出于美学考虑，由细转粗的四排列柱会因透视学的原理，让世人产生视觉错误，使得柱廊看过去更加宽大厚重。圣彼得大教堂的正面竖立着纤细的柯林斯柱，柱头用莨菪作装饰，形似盛满花草的花篮。贝尔尼尼巧妙地在广场上利用了多利安柱式的阳刚之美，恰好完美地配合教堂正面门厅的柯林斯柱式的阴柔，如此一来阴阳互补，和谐共处。

## 04/ 圣彼得雕像和圣保罗雕像

连接广场和圣彼得大教堂的皇家台阶非常有意思，建于1662至1666年间，全长实际只有60米，但是看过去却比实际长度要长得多。其实这是聪明的建筑师用透视学的原理和大家开了个小小的玩笑。因为这个广场西边部分是个巨大梯形，台阶左右两面分别是梯形的腰，所以越往教堂方向走，广场的宽度便越来越小，以此造成了参观者透视上的错觉，使得这个皇家台阶显得更长更高。

台阶的左边拿着钥匙的是圣彼得塑像，他的钥匙可以开启天堂之门。这座雕塑由朱塞佩·法布里斯在1840年创作完成。彼得与耶稣有特别亲密的关系，福音书里面记载得最多的门徒就是彼得。天主教认为，彼得被耶稣所赐天国的钥匙，这是他非常特别的属灵权柄。《圣经》中对这则故事有详细的记载：耶稣曾测验他的十二门徒的理解力："你们说人子是谁？"门徒中有人说人子是施洗者的圣约翰，有人说是先知以利亚，还有人说是先知耶利米或是其他先知里的某一位。只有彼得回答道："人子是你，耶稣基督，你是永生神的儿子。"耶稣满意地回答说："西门巴约拿（圣彼得的俗名），你是有福的！我还告诉你，你是彼得，我要把我的教会建造在这磐

1
—
2

1. 拿着可以开启天堂钥匙的圣彼得

2. 拿着殉教之剑的使徒圣保罗

和解大街在墨索里尼上台前并不存在

石上；阴间的权柄不能胜过他。我要把天国的钥匙给你，凡你在地上所捆绑的，在天上也要捆绑；凡你在地上所释放的，在天上也要释放。”

右边拿着剑的是圣保罗，由亚当·塔铎里尼在1840年所制，保罗和彼得一样，都是早期基督教最具有影响力的传教士和领导者。他被世人称为“外邦人的使徒”，因为他曾远离中东的家乡，受耶稣之命横穿地中海，前来意大利半岛传教。圣经新约诸书有一半是由保罗所写，可见他在基督教中的重要性。保罗在公元67年传教途中，被人用剑砍去首级而殉教，所以在宗教艺术中，保罗总是以拿着剑的形式出现，剑成为了他的圣器。通过殉教时被害工具来鉴定圣徒身份的方式，在艺术史鉴别宗教人物上非常有效，可以运用在大部分的基督教圣徒身上。

## 05/ 和解大街

在本章节结束之前，有必要告诉大家一个不为人知的秘密。当你走在宽阔的“和解大街”via della conciliazione，可以一边欣赏着罗马街头两侧琳琅满目的商店，一边激动不已地告诉自己，圣彼得广场就在街尾，马上便能揭开它的庐山真面目的时候，也许你不知道，这条大街在70年前并不存在。它是奉意大利纳粹独裁者墨索里尼之命“修建”的。所谓的修建，其实是强行拆除民房、教堂和歌剧院，把街道拓宽，使之成为今天的模样——直接连接着梵蒂冈圣彼得广场和台伯河岸旁的圣天使城堡。我们可以从当时的新闻简报中瞥见还没有被拆除的居民楼房，以及它们在当时被强拆时的照片文档。这些被拆楼房曾由拉斐尔、伯拉孟特等著名艺术家在16世纪所设计，本该是珍贵的人文遗产，然而纳粹政府为了民族主义“热情”，摧毁了它们，只为“更好地”把罗马展示给世人。确实，我们在和解大街的东头就可以看见屹立在西头的宏伟教堂，让我们走在这条气势不凡的大街上心潮澎湃。但同时也请不要忘记向被墨索里尼强拆的罗马市民们致敬，因为他们没有获得任何赔偿，其中一部分市民就此流落街头，无家可归。

和解大街”via della conciliazione 今日的繁华无比，
琳琅满目的商店让人应接不暇

# 3/ 梵蒂冈邮局

梵蒂冈在 1929 年成为主权国家后，便迅速加入了联合国的万国邮政联盟，建立了自己的全球邮政系统。由于近年来意大利的邮政局工作效率低下，常出现错寄、丢寄的现象，越来越受到意大利人诟病。所以，当罗马人需要发送重要的信件时，都会专程跑来梵蒂冈寄送，以确保信件的传递与送达的无误，甚至联合国万国邮政联盟也评价梵蒂冈拥有全球最完善的邮政系统之一。

梵蒂冈的邮票全部都是全球限量版，值得珍藏，而且邮戳都是现任教皇们的头像，算是不可多得。虽然梵蒂冈拥有高端的邮政服务，但价格却非常亲民，比如寄回中国的明信片的邮资只需两欧。

梵蒂冈邮局共设有两处邮政大厅，第一处坐落在梵蒂冈博物馆内。它被安排在博物馆的出口方向，目的是方便观展完毕的游客邮寄纪念性明信片；第二处在梵蒂冈广场南部的建筑物里，它连接圣彼得大教堂。这家是最大也最负盛名的，是来梵蒂冈的参观者的必经之地。

1
2 3
4

1. 梵蒂冈邮局在圣彼得广场上的广告牌
2. 梵蒂冈特制邮筒
3. 梵蒂冈限量版的独有邮票
4. 邮局内部

# Part 4 玩转罗马

梵蒂冈在意大利人的心中其实就是罗马城的一个街区，因为太过它迷你袖珍。所以见识过梵蒂冈壮丽的你，千万不可错过罗马城其他著名的艺术元素。在两千年历史的氤氲笼罩下，罗马独具风味，摄人心魄。旧时的贵族还在玩着奢靡的游戏，现代人穿着新季的时装准备去啜饮一口咖啡。在这里，不论是历史先贤，著名画家，文坛大师，还是默默无闻的艺术家，每一个人，都是罗马不可或缺的情愫。他变得更像罗马，罗马也变得像他。正如奥黛丽·赫本在电影《罗马假日》里所说："因为罗马，所以经典。因为短暂，所以永恒。"

# 1/ 罗马三大艺术博物馆

全球最古老

的对公众开放的博物馆

# 01/ I Musei Capitolini 卡比托利欧博物馆

该博物馆的建造年份可以追溯到1471年，是世界上最古老的博物馆之一。当时的教皇西斯都四世将一批古代青铜雕塑捐赠给罗马所有市民，决定将它们安置在卡比托利欧山，博物馆自那时起正式成立，并逐渐扩大馆藏。如今拥有大量古罗马时期的雕像、铭文，以及中世纪和文艺复兴时期的宝石、钱币和其他一些工艺品。

卡比托利欧博物馆
地址：Piazza del Campidoglio, 1, 00186 Roma
开馆时间：除节假日外每日 9:30AM-7:30PM
电话：0039 06 0608 http://www.museicapitolini.org

# 02/galeria borghese
# 博尔盖塞美术馆

此美术馆位于罗马北部的博尔盖庄园里，它主要收藏意大利文艺复兴时期和巴洛克时期的艺术品，其中包含大量巴洛克艺术大师贝尔尼尼的雕塑作品，喜欢巴洛克艺术的读者，千万不可错过。

注意：馆内面积十分有限，然而每日都有非常大的游客量，当日票很有可能在中午前售罄，所以在旺季时，最好提前电话或网络预定。在确认入馆时间后，一定要准点进场。博物馆工作人员每两个小时清场一次，下一批游客方可入内。所以你最多只有两个小时的时间来参观这座巴洛克艺术的宝库，请提前做好准备，合理安排时间。

## 巴洛克艺术的宝库

博尔盖塞美术馆
地址：Piazzale Scipione Borghese, 5, 00197 Roma 开馆时间：8:30AM-7:30PM（周二到周日）周一、1月1日和12月25日休息 电话：(39-06)8413979
http://www.galleriaborghese.it/

卡拉瓦乔《圣叶理诺翻译圣经》

# 03/Museo Nazionale Romano
## 罗马国立博物馆

罗马国家博物馆收集的古文物主要为在公元前5世纪到公元3世纪之间的作品。著名藏品：《掷铁饼者》《受伤的拳击运动员》《阿波罗与七弦琴》《西林尼的维纳斯》《瓦伦蒂努斯躯干雕像》《许普诺斯头像》《花园中的阿芙罗蒂德像》《自杀的高卢人》。

这所博物馆由四处不同的展馆所组成，它们分散在罗马城内，分别是：

戴克里先浴场——古罗马最大的公共浴场，是当时议论时政的场所。马西莫楼——罗马国立博物馆的主院，藏品众多，主要收集古罗马的钱币、神龛、镶嵌画、雕塑。高时楼——庭院非常雅致特别，藏有众多古罗马帝国时期的君王半身像。巴尔比地窖——古罗马时期未损坏的考古第一现场，地窖中阴暗潮湿，值得一探究竟。

罗马国立博物馆

地址：戴克里先浴场 via Enrico de Nicola, 79

马西莫楼 largo di Villa Peretti, 1

高时楼 via Sant' Apollinare, 46

巴尔比地窖 via delle Botteghe Oscure, 31

开馆时间：每日 9:00AM-7:30PM 周一闭馆

电话：06 3996 7700

http://archeoroma.beniculturali.it/musei/museo-nazionale-romano-palazzo-massimo

# 全球最大的古希腊
# 和古罗马艺术博物馆

《战神马尔斯》是公元二世纪古罗马仿制古希腊的作品，
它放在古罗马的战神庙里接受信徒的膜拜

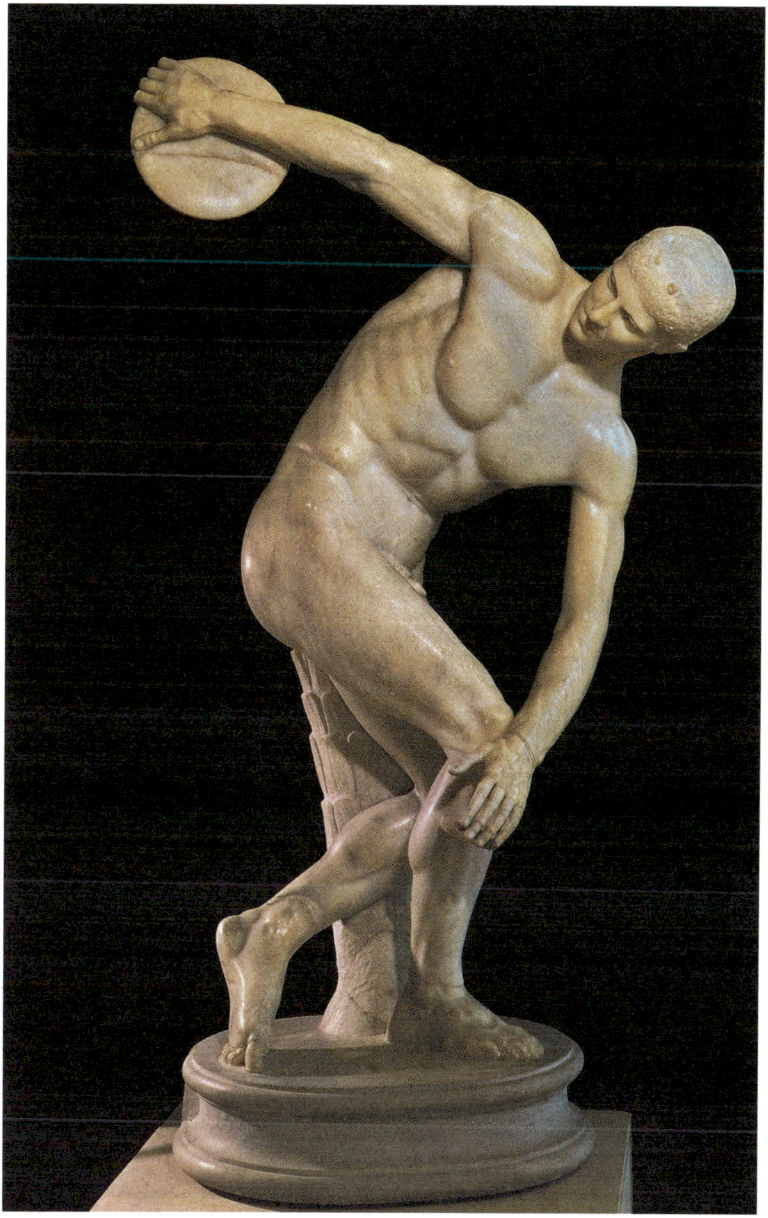

《掷铁饼者》是公元二世纪古罗马艺术家模仿古希腊米隆的作品，原作已失传，这是史学家公认最接近的作品

# 2/ 罗马三大特级宗座圣殿

## 宗教艺术的顶级巅峰

全球只有四座天主教特级宗座圣殿。除了上文提到的梵蒂冈圣彼得大教堂之外，其他三座圣殿全部坐落在罗马市内。这三座宗座圣殿远离梵蒂冈总部，而散落在罗马城里，但梵蒂冈一直对他们行驶主权。每一座宗座圣殿都装饰豪华、浩大无比。

需要注意的是如同在梵蒂冈一样，想要进入这三座特级圣殿的参观者，必须符合着装规定："不可露肩、不可露大腿、不可露胸、不可戴帽子、不可戴墨镜。"所以选择在炎热夏季游览教堂的参观者，要提前做好准备。在每年的旅游旺季6——9月期间，梵蒂冈会派志愿者在每所宗座圣殿门前免费发放丝巾，方便游客遮体。在你整理好后，方可进入。

小提示：罗马城内所有的教堂，无论大小均可随意免费参观。但是当祭祀与信徒做礼拜时，请不要贸然地参观拍照。在罗马城内，即使从外部门面看起来不起眼的小教堂，其内部装饰通常都华丽繁琐，都会让你惊讶地以为步入了皇家殿堂。所以，当你在罗马街角看见某个不知名的小教堂的时候，不妨进去探个究竟，你也许会收获意外的惊喜。

全世界最大的献给圣保罗的教堂。

城外圣保罗大殿

地址：Piazzale San Paolo, 1, 00146 Roma 开馆时间：全天 7：00AM-6:30PM

电话：+39 06 6988 0800 http://www.basilicasanpaolo.org

## 全世界最大的<br>献给圣母玛利亚的教堂

圣母大殿

地址：Piazza di S. Maria Maggiore, 42, 00100 Roma

开馆时间：全天 7：00AM-6:30PM　电话：+39 06 6988 6800

http://www.vatican.va/various/basiliche/sm_maggiore/index_en.html

教皇的正式驻地，四座中最古老的一座，
享有全世界天主教会母堂的称号。

拉特朗圣若望大殿
地址：Piazza di S. Giovanni in Laterano, 4, 00184 Roma
开馆时间：全天7：00AM-6:30PM 电话：+39 06 6988 6433
https://www.rome.info/basilicas/st-john-lateran/

ALVATORI · IN · HON · SS · IOAN · BAPT · ET · EVANG

# 3/ 罗马享誉全球的七大景点

提到罗马这个历史古城，不禁让人遐想翩翩。千年遗迹比比皆是，是文艺历史爱好者们的天堂。但是出门在外，请对个人的财产安全保持高度警惕，尤其是地铁站和火车站等人流量大的地方请注意扒手。另外，街头贩卖假冒的奢侈品的偷渡小贩、作喷漆画的画匠比比皆是，他们会耍各种手段让你高价购买劣质商品，请勿上当。当然也不用因此而驻足不前，只要你提高警惕，便可以悠然自得地穿越在千年古巷里，享受这座人称“永恒之城”的宝地。

罗马母狼是整个罗马市的市标，她哺育着罗马市的创始人罗慕路斯与雷穆斯两兄弟

1
2 | 3
4

1. 纳沃纳广场喷泉中的海马和海神

2. 西班牙广场台阶的路标，三一教堂就在台阶的尽头

3. 梵蒂冈圣彼得广场地面上的风向标

4. 纳沃纳广场中央的圣埃格尼斯教堂门面

## 01/ 古罗马斗兽场

古罗马斗兽场 (Colosseo) 又称圆形竞技场，是世界七大奇观之一，亦是古罗马时期最大的圆形角斗场。它建于公元 72——82 年间，后成为古罗马帝国标志性的建筑物。竞技场曾是古罗马举行各种娱乐表演的地方。最残忍的表演是角斗士之间或人畜之间的搏斗，因为必须要战斗到一方死亡，表演才能结束。根据罗马史学家卡西乌斯·狄奥的记载，竞技场建成时，罗马人举行了为期 100 天的庆祝活动，宰杀了超过 5000 只牲畜。

作为意大利接待游客量第二大的旅游景点（仅在梵蒂冈博物馆之后），排队入场时间通常是 1——2 小时，建议在官网提前购票，可走专属通道。

古罗马斗兽场
地址：Piazza del Colosseo, 1, 00184 Roma, Italia
开馆时间：每天 8:30AM-6:00PM　电话：(39-06)3996770
http://www.coopculture.it/en/colosseo-e-shop.cfm

## 02/ 古罗马遗址

古罗马遗址（Foro Romano）位于意大利罗马帕拉蒂尼山与卡比托利欧山（Collis Capitolinus）之间，曾是古罗马帝国的经济和政治中心，内含最古老与最重要的建筑。它们构造精巧，气势恢宏。虽然如今大部分已经沦为废墟遗迹，但是在它们的残垣断壁中还是能让人感受到古罗马帝国的昔日辉煌与霸气。电影《罗马情缘》的影迷们可以在这里找到几串电影里的经典镜头。

遗迹中几乎没有遮阴处，日照强烈，容易中暑，在夏日游览古罗马遗址的参观者最好是清晨或者黄昏时前往。

古罗马遗址

地址：Via della Salara Vecchia 5/6, 00186 Roma, Italia

开馆时间：9:00AM-7:00PM 电话：(39-06)0608

http://www.archeoroma.com/foro_romano.htm

# 03/ 万神殿

万神殿 (Pantheon) 始建于公元前 27——25 年，是罗马现存最古老的建筑。它由古罗马帝国首任皇帝屋大维的女婿阿格里帕建造，用以供奉希腊奥林匹亚山上诸神，是奥古斯都时期的经典建筑。万神庙的结构简洁明了，主体呈圆形，顶部覆盖着一个直径长达 43.3 米的穹顶，穹顶的最高点距地面也是 43.3 米，顶部开有一个直径 8.9 米的圆形大洞，用于采光。光线会随着太阳的移动而变换不同的角度，给人一种神圣庄严的感觉，是自建成后到 1436 年间全球最大的穹顶。公元 80 年的火灾使万神殿的大部分被毁，仅余长方形柱廊和 16 根花岗岩石柱，这一度成为重建的万神殿的门廊。从天主教掌权的中世纪起，万神庙的内部被改建成一座教堂，名为：圣母与诸殉道者教堂。布拉德·皮特在《十二罗汉》里曾与凯瑟琳·泽塔·琼斯在此浪漫牵手。

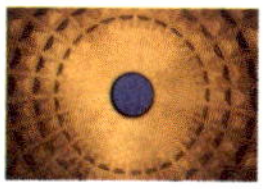

万神殿

地址：Piazza della Rotonda, 00186 Roma Italia

开馆时间：周一至周六：9:00AM-7:30PM 周日：9:00AM-5:30PM

电话：(39-06)68300230 https://www.rome.info/pantheon/

## 04/ 纳沃纳广场

纳沃纳广场(Piazza Navona)是罗马市民公认最美丽的广场。无论白天，还是夜晚，这里都挤满了人。市民们通常在这里的咖啡馆或小酒馆里呆上数个小时。广场成橄榄椭圆形，巴洛克大师贝尔尼尼亲自设计了广场南端的摩尔人喷泉和广场中心的四河喷泉。炙手可热的电影《天才瑞普利》与《美食、祈祷和恋爱》把这片广场美丽的夕阳化为永恒。

纳沃纳广场
地址：Piazza Navona, 00186 Roma, Italia
开馆时间：全天 电话：(39-06)68809240
http://www.turismoroma.it/cosa-fare/piazza-navona

# 05/ 许愿池

许愿池(Fontana di Trevi)是罗马最知名的喷泉。公元前19年，古罗马人将城外的贞女泉泉水引进罗马城，许愿池成为地下水道的终点。如今它位于三条街的交叉口，在意大利语里，Trevi即有“三岔口”之意。站在神龛里的海神像栩栩如生，海马们拉着海神的贝壳御驾，乘风破浪，细节处理得非常到位。电影《罗马假日》曾多次在此取景。随着电影风靡全球，这座巴洛克式的喷泉也跟着闻名于世。还记得《美丽人生》中男主角载着女主角骑着自行车，幸福地从这座许愿池旁一晃而过的镜头吗?传说游客如果能背对许愿池，用右手越过左肩成功将手中的硬币抛入池中，便有机会再次访问罗马，而当情侣一起完成这组动作，成功投入硬币的话，他们的爱情将会永恒。

许愿池

地址：Piazza di Trevi, 00187 Roma RM, Italia

开放时间：全天　电话：(39-06)67103238

http://www.turismoroma.it/cosa-fare/fontana-di-trevi

## 06/ 西班牙广场

西班牙广场 (Piazza di Spagna) 是一座连接三一教堂 (Trinita dei Monta) 的阶梯式广场，它以阶梯正下方的西班牙驻意大利大使馆而命名。广场上最著名的莫过于巴洛克式建筑巨匠贝尔尼尼所设计的破船喷水池，很多年轻人夏季会来此聊天，享受清凉。广场上的咖啡馆林立，曾是济慈、拜伦、雪莱等文人最爱去的地方，其中最著名的当属“老希腊人咖啡厅”（Antico Caffè Greco），它是罗马最古老的咖啡馆，德国大文豪哥德曾在这里完成他的成名小说《塔里夫斯的公主》。广场正对着罗马著名的奢侈品购物街——孔多蒂街（Via dei Condotti），LV、PRADA、FENDI、GUCCI、BVLGARI 等均在此设有门店。伍迪·艾伦也对这座广场情有独钟，在他自导自演的电影《爱在罗马》里，西班牙广场成为他最重要的取景地。

西班牙广场
地址：Piazza di Spagna, 00187 Roma RM, Italia　开放时间：全天
电话：(39-06)68300230　http://www.turismoroma.it/cosa-fare/piazza-di-spagna

## 07/ 祖国祭坛

这座恢弘威严的建筑位于罗马最大的广场——威尼斯广场上，是罗马五条主干道的汇合点。也是19世纪末重新统一意大利的国王维克多·埃曼纽尔二世的纪念堂。纯白色大理石阶梯把纪念堂高耸在罗马城里，它高大的柯林斯圆柱和国王埃曼纽尔二世骑马的雕像都在传达着这里的浓厚政治意味。因为它代表了意大利王军在1871年攻破并占领了由教皇庇护九世统治下的罗马，这个被神权政治统治了近1400年的最后的堡垒，被彻底统一成了意大利。为了确保意大利南部的稳定，也为了使自己的王权合法化，王室决定从意大利北部的佛罗伦萨迁都罗马。每逢6月2日意大利国庆节，罗马市政府都会在这里举行隆重的阅兵式。

祖国祭坛

地址：piazza Venezia, 00186 Roma, Italia 开放时间：9:00AM-7:00PM

电话：(39-06)69994319 http://www.turismoroma.it/cosa-fare/piazza-venezia

EUROBUS

# 4/ 舌尖上的罗马

众所周知，意大利是全球公认的美食之都。就拿来自严寒地带的北欧人来说，他们来意大利，除了享受日光浴之外，一定会躲进哪个米其林餐厅，好好地给自己的舌头来一次艳遇。意大利的高等美食餐厅价格略高，但按意大利人生来热情好客的性格，服务绝对一流，餐馆所处的位置与露台的景色相映成趣，关键是美食绝对让你垂涎欲滴，品尝后又回味无穷。如果想让你在罗马的旅程画上一个圆满的句号，请记得一定要在走之前好好的饕餮一番！尽情领略美食之都的魅力。

## 01/La Pergola

**一辈子至少要来感受一次**

业界评论这是意大利最高档的餐厅，亦是众多政客、作家、艺术家和电影明星的钟爱之所，也许不经意间便能在此遇见你所熟知的某位名人。La Pergola 是罗马唯一一家坐拥米其林三星的餐厅，它的菜品精挑细选，味道让人称奇不已。这里最有名的是自家酒窖里收藏的五万三千瓶葡萄酒。而光它们的水单就有 29 种选项，款款都是全天然矿泉水，天然带气泡的最有味道。这里的橄榄油和香脂醋均来自意大利最地道的生产商。所以被意大利各家专业的饮食杂志称为全意大利最棒的餐厅，让人爱不释手，赞不绝口。

米其林早在 2005 年就给了这家店最高的荣誉——三星五叉，让众多业界人士瞠目结舌，羡慕不已。但是这里的服务真的是堪称一流，所有的环节都天衣无缝，无可挑剔。厨师、服务员、调酒师们极度细心与人性化，招待客人的态度让人倍感舒适自在。首先，坐下之后，服务员会先送来一杯餐前酒，你可以一边喝着美酒，一边欣赏着现场轻柔曼妙的演奏，随后可以选择让你醉心的佳肴。菜品无需多说，道道美妙绝伦，鹅肝和黑鳕鱼是笔者的最爱。同时，你还可以根据你的喜好或禁忌，让服务员帮你选择具体的菜式，这是我们常做的，

相信他们的挑选一定会惊艳到你。当然，如果你想尽可能品尝不同的菜品，Tasting Menu（试菜菜单）是最恰当的选择。它是主厨特意精挑细选的最具有代表性的菜品，里面从头盘到甜品绝对能让你大快朵颐。餐后，你一定要去他们的酒窖里走一圈，五万多瓶葡萄酒能让你眩晕，酒务总管会根据你所选择的菜品给你最合适的选酒建议。记住，走之前不要忘记从它的露台和天窗观赏无与伦比的罗马夜景。从这里你能一睹罗马在月光下浪漫沉静的风姿，它能让你心情愉悦，好不惬意。如果有缘，你来的时候正巧有晚餐后的烟火表演，你则可以伴随着现场交响乐，以整个罗马城2700年的历史作为背景，享受着这人间烟火带来的快乐。

Tip：

米其林是全球最具权威的饮食风向指向标。每年会聘请专家，匿名地访问众多酒店，品尝菜品，进行打分。如果被米其林评中，餐厅便可摇身一变，成为饮食贵族炙手可热的宠儿。米其林用星来评价菜品，评价从一星到三星，能拿到一星就已经晋升至豪华贵族餐厅之列，可想而知，三星则是风靡全球的顶级美食餐苑了。

另外，他们用一叉到五叉（叉子）来评价除菜品之外的一切细节，例如服务、餐馆管理、装饰、氛围、环境、地理位置、酒品选择等等。服务员的制服着装，招呼客人的方式以及酒杯在餐桌上的摆放位置都是打分范围。

La Pergola

地址：Via A. Cadlolo, 101. Roma　营业时间：每日 7:30AM-11:30PM，周日与周一不营业

电话：+ 39 06 35092152　人均价格：70-500 欧元

## 02/ 罗马露天屋顶餐吧

罗马广场酒店 Hotel Forum Roma 的楼上有一个享誉全球的屋顶花园式餐馆 Roof Garden Restaurant 和美式露台酒吧 Roof Top American Bar。

这是罗马最古老的餐馆之一，你可以在这里把古罗马帝国广场、圣马丁诺等建筑物尽收眼底，氛围十分浪漫温馨。菜品非常多样，并具有创意性，以意大利菜为主，但是你也可以吃到法餐、美餐和西班牙餐的主要特色菜品。你可以在屋顶花园的美式酒吧里尽情享受，豪放畅饮，这里的鸡尾酒是全罗马最负胜名的。酒单在 40——70 欧左右，虽然价格不菲，你却可以在此无限豪饮，让你不醉不归。根据具体酒单搭配，你可以在 5 到 20 种鸡尾酒和葡萄酒中任选你的最爱或者让调酒师给你来个混搭。

如果你和心上人一起来罗马的话，这里是最合适的餐厅。因为这里浪漫气息无与伦比，是谈情说爱、享受二人世界的好地方，价格也没有顶级米其林餐厅那么高昂，虽然不菲，但绝对值得体验一番。餐厅主人很有幽默感，在空闲时会出来和客人们开开玩笑。我们电话预订得太晚，没有订到可以观看罗马全城的靠窗桌。但在十点后有一靠窗桌空出，服务

1
—
2

1. 从花园式餐厅可以俯视整个罗马城

2. 在露台酒吧选择一杯最合你心意的鸡尾酒，与朋友们畅聊吧

生居然主动帮我们换了过去，非常体贴，而且餐厅老板还给我们每人赠送了一份精美甜品，说是为了补偿我们没有一直在靠窗桌就餐的遗憾。

意大利受天主教的影响，是个传统的大男子主义国家，这点和中国很像。客人买单的时候很少会 AA 制，尤其是当一对情侣来此类高级餐厅用餐时，绝大部分的情况下都是绅士付款。所以当你和你的爱人就座选菜的时候，你会惊讶地发现，女士拿着的菜单是没有价格的，意思是你不需要考虑菜单的价格，这是绅士该做的事情。当然这种老式的点菜方式受到很多来自美国和德国的顾客的不满。所以如果你对此类点菜方式感到不舒服，可以让服务员给你换一份菜单，那么他也会立即明白你们之后的付款方式，以免造成付款时的尴尬。

这里早中晚均营业，早餐很美式，种类比较丰富。晚餐建议傍晚时分过来，因为你会发现，这里是欣赏罗马日落最美的地方。晚餐前建议去楼顶露台喝上几杯餐前酒开开胃，依偎着你的爱人，手捧鸡尾酒杯，看着罗马的夕阳西下，没有比这更惬意的了。

罗马露天屋顶餐吧

地址：Via Tor De' Conti 25, 00184 Rome, Italy 营业时间：9:00AM-11:00PM

电话：+39 06 6792446 人均价格：36-99 欧元

## 03/Antico Caffè Greco（老希腊咖啡馆）

**全罗马**
**最古老的咖啡店**

这家店建于1760年，是全罗马最古老最有名气的咖啡店，在全意大利的年资排名第二，仅次于威尼斯的花神咖啡馆(florian)。该店第一任老板是希腊人，名叫尼古拉，所以店名希腊咖啡馆来源于此。

这家享誉全球的咖啡厅是数不胜数的文学与音乐艺术作品的诞生地，众多作家、音乐家和学者慕名而来，只需要在这里坐一坐，便能迅速获得非凡的创作灵感，如法国作家司汤达，德国作家歌德，匈牙利作曲家费伦茨，丹麦雕塑家托尔瓦森，德国歌剧家瓦格纳，丹麦童话小说家安徒生，法国作曲家比才，甚至意大利大情圣卡萨诺瓦全都拜访过这里。奥地利画家路德维克·帕西尼在1856年拜访罗马的时候，便来过这家咖啡厅并且留下了一幅名为《在罗马的老希腊咖啡馆里》的油画。通过这幅油画，我们可以清楚地看到，不光是艺术家、诗人和小说家常来拜访，还有很多慕名而来的资产阶级的大绅们，也常来这里聚会、闲聊、谈论政治。曾有传言说，这是意大利王军南下攻占罗马时，与安插在梵蒂冈教廷里的王室间谍聚会的场所。可想而知，这家咖啡馆经历过多少血雨腥风，又有过多少令人荡气回肠的故事。所以

罗马人都说：来这里的人不是在喝咖啡，而是在品味罗马的文化和历史。店里面挂满了曾经拜访过这里的名人油画像、文章和牌匾。店内300多幅的百年油画，让它成为名副其实的私人艺术馆。

不用多说，这里的咖啡拥有全球的顶级品质，且全部现磨现做，尤其玛奇朵和拿铁是上中之上的选择。它们味道纯正、香溢无比。拿铁的奶花丝滑，沁香绵柔。玛奇朵甜而不腻，回味无穷。甜点提拉米苏、巧克力蛋糕、起司蛋糕全都名扬海外，每份都是甜点师傅爱的结晶。这里服务生的着装都是燕尾服加蝴蝶结，颇有百年大店的气魄。我最喜欢早上来这家店，刚刚睡醒，店内相对人少安静，可以带上本书或者杂志，点上一杯卡布奇诺，配上起司蛋糕，慢慢品着这香浓的早餐，让人一整天都倍感精神，心情好到爆棚。

老希腊咖啡馆

地址：Via dei Condotti, 84, Roma　营业时间：9：00AM-9:00PM

电话：+39 06 679 1700　人均价格：10-20 欧元

## 04/Trastevere

## 罗马最亲民的餐馆酒吧区

Tras是在……之中的意思，Tevere是横穿罗马全城的台伯河。顾名思义，这个街区横贯台伯河的两岸。它藏匿着罗马最亲民的大众餐馆和酒吧。在这里的罗马本地人非常多，外国游客也同样络绎不绝，在这里的你可吹牛、可上网、可用餐、可喝茶、可品酒，还可以艳遇，气氛非常活跃，是所有年龄层次的罗马人和游客最爱游荡的街区，绝大部分的店家门口都是花团锦簇，让人感受到无比的浪漫，很有欲望走进每家饭馆、餐厅、酒吧，看看清楚里面的构造。但你其实可以大胆地钻进任何一家餐馆和酒吧，价格都不会离谱。无论你在罗马哪个本地餐馆里都可以点到以下最有名的罗马本城美食，一定要尝一尝。

## 罗马本城美食

1.Coda alla vaccinara

罗马式牛尾

2.Abbacchio alla scottadito

罗马式烤手抓羊排

3.Carbonara

烤面条加干酪沙司（培根、鸡蛋）

4.Pollo con peperoni

辣椒炒鸡块

5.macaroni all’ amatriciana

培根番茄酱通心粉（猪肉、番茄、洋葱、红胡椒、白葡萄酒）

6.Trippa alla romana

罗马式牛肚

7.Minestra di Broccoli e arzilla

罗马式西兰花浓汤

# 尾声

## 对意大利和意大利人零距离调查

在本书即将结尾之际，我很想借此机会感谢在罗马接待过我的寄宿家庭，这是如今远在他乡的我唯一能做到的。想起曾在罗马独自写书的日子里，多亏了他们的悉心照顾我才能全心全意地投入工作，也多靠了他们的建议和指导，我才能搜集到这些只有本地人才知道的内部信息，比如教廷趣闻、地道美食餐馆以及游览众多景点前需要注意的事项等等。

和这群可亲可爱的意大利人在同一个屋檐下相处的三个月时间里，让我完整地体验到意大利人爱意浓浓的家庭生活。

他们的风土人情，习俗习惯，真真切切地展现在眼前，有的时候他们的莫名其妙行为也会让我瞠目结舌，不知所措，但更多的时候我看到的是和国内惊人相似的地方。在征得意大利家人们的同意后，我想在本书的结尾处和大家分享我的见闻。

意大利的历史丰厚多元，从本书讲解梵蒂冈博物馆开始，读者们应该能瞥见意国史学厚重的一鳞半爪。从史前文明，伊特鲁里亚文明，古希腊文明，古罗马文明，中世纪天主教神权，人文思潮，文艺复兴，巴洛克，宗教改革，工业革命，意大利王国统一，到今天的意大利共和国，其实西方历史的一大半都是在讲发生在意大利半岛的事情。意大利在 17 世纪前一直是欧洲艺术文化的交流中心，各国皇室每年都会派遣画家、雕塑家前来深造，学成归来的艺术家们便可以按照意大利的样式装饰自己国家的皇室寝宫。但从 16 世纪末的巴洛克时期开始，路易十四领导下的法国逐渐取代了意大利的地位，成为欧洲文学和艺术的新中心。

意大利语是最接近拉丁语的语言，是一门与西班牙语和法语都非常相似的语言。它悦耳动听，音调丰富，动感十足。语言学家们认为意大利语中元音和辅音搭配最为平衡，是黄金比例的百分之五十加百分之五十，所以每个音节发出来的声调都可以抑扬顿挫，因此评价意大利语为全世界发音最优美的语言。当然这是仁者见仁，智者见智。并且意大利人真的不会说英语！来意大利游玩的读者们要做好思想准备。

Buogiorno 你好 ,Grazie 谢谢 ,Ciao 再见，可以帮你破个冰，也许能帮上你不少的忙。但是意大利人热情好客，说话外加手势，所以真的不用担心语言不通！

意大利的旅游景点数不胜数。这是一个拥有全球世界文化与自然遗产最多的国家，注册在联合国教科文组织下的世界遗产共有 51 处之多。爱好史学、艺术、考古学、金石学的读者们，这里是你们的天堂。你们在这里有学不完的知识，也有探索不完的秘密。作者在欧洲的最大的生活乐趣就是逛艺术馆，看美展，意大利的艺术珍品极其丰富，所以每当我走进罗马某处艺术馆时，总会冷不丁发现曾在史书中看过、读过、分析过的艺术精品。惊喜万分的我像是发现了某件自然奇迹一样，激动不已，甚至对着艺术品自言自语："嘿，终于看到了你的庐山真面目，没想到你居然藏在这里！"

意大利的美食更加不必多言。只有意大利餐和中国餐是唯一两类风靡全球的美食，在任何一个国家都能找到相对应的餐馆。所以来自中国的"吃货"们，一定要在意大利来一场舌尖上的艳遇。这里的美食品种多样，颜色丰富多彩，光意大利面就有几百种形态，全民宠爱的橄榄油和香脂都是意大利的独有特产。这里有一个大众误区：当大家谈到意大利美食的时候，总会想到披萨、意面和水饺，其实这属于平民美食。如果你能去一次登上米其林排行榜的高级餐厅，享受意大利精致菜品时，你会发现，他们的用餐品格绝不低于法国人，菜式款款动人，一道道都是精心制作，绝对让人垂涎欲滴，流连忘返。

在自驾游欧洲 20 个国家之后，我发现意大利还是我最喜欢的地方，因为她不光有全欧最地道的美食，最漂亮的海景，最浓厚的艺术氛围，最古老的历史，最重要的是，生活在这片土地上的人们热情和蔼，可爱至极。意大利人的性格和西班牙人非常相似，都是典型的南欧地中海民族，他们好客、热情、开朗、豪迈、爱开玩笑，而且非常注重家庭生活。年轻人的私人感情生活有时较为混乱复杂，但也可称丰富多彩。意大利流行一句谚语 La mamma è sempre la mamma.（老妈永远都是老妈。）家庭观念的浓厚可见一斑！欧洲人永远在笑话意大利的男人们是长不大的小孩，因为他们的话题中总会时不时的提到自己的妈妈、外婆和奶奶。意大利还有句自黑笑话："意大利的妈妈都是圣母玛利亚，因为她们都把自己的儿子当作神来养。意大利的小孩都是耶稣基督，因为只有他们才相信自己的妈妈纯洁无比，天赐受孕诞下自己。"举个例子，国人都知道"妈妈咪呀"的赞叹，其实殊不知就是来自意大利语 mamma mia（我的妈呀）。

意大利与巴西一样，是疯狂热爱足球的国家，足球绝对是男人们的身家性命，是真正的全民运动。每逢欧洲杯或世界杯的时候，在意大利的大街小巷里都充斥着穿着意大利国家队球服的球迷们，每当意大利队进球的时候，酒吧里、小卖部里、广场上、乃至从居民楼的窗户里都会传来开心的呐喊声。记得在我访问丹尼尔表兄一家的时候，他的未婚妻曾

1. 奥黛丽·赫本吃着意大利手工冰淇淋，优雅地走在西班牙广场台阶上
2. 奥黛丽·赫本骑着意大利人手一台的 Vespa 小型摩托车在科尔索大道飞驰
3. 奥黛丽·赫本在《罗马假日》里幸福地和男主角手牵手逛罗马

半开玩笑挤兑过他："丹尼尔很爱我，什么时候都会把我放在第一位，为我考虑。但是当他在看足球的时候，会彻彻底底变成另外一个人，谁也不能打扰他。不仅把我当空气，如果我吵到了他，他还会朝我发火。所以他每次看球的时候我都是躲得远远的，忙我自己的事。"

意大利人很爱唠嗑，很爱小聚，这点我特别的喜欢。因为这是他们热爱生活的生动体现。和他们聊天时我总是很开心，可以谈天说地，毫无顾忌，从国家总理的政治生涯谈到私人的感情生活。如此毫无保留的交流都源于意大利人善于社交，容易接触的性格特点。这与北欧人的保守不善言谈，总给人一种很冷很陌生的感觉完全不一样。没事的时候，约几个意大利朋友去咖啡馆小坐一下，总是会收获各种惊喜，乐趣无穷。意大利人对自己国家所拥有的深厚历史和多彩文化非常地自豪，经常能听见他们说着说着就蹦出一句古拉丁语的名言警句。当我一脸迷茫不解的时候，他们却哈哈大笑，得意洋洋，告诉我当年古罗马的自由民就是这么说话的。另外，意大利人讲话的时候必定会加夸张的手势动作，感觉好像光用语言无法表达他们丰富的情感一样。刚刚接触意大利人的你，千万不要被他们夸张的动作所吓倒，因为他们只是迫切想要表达自己的情感和欲望而已，别无其他。而且某些特别的手势真是太惹人喜爱了！喜欢侃大山，享受生活的你，意大利一定是你的最爱。

当然意大利也不是处处莺歌燕舞，尤其是近年来的经济危机，给国家带来了重创。失业率大幅提高，国家财政也是年年赤字，外加每年数不胜数的北非和中非的偷渡客，使得意大利政府焦头烂额，应接不暇。国民对政府处理国事的态度和能力也是日渐失望，抱怨满满。极度右翼势力也开始在国会占有席位，使得民众人心惶惶。意大利南部的黑手党在本世纪初，本已被意大利政府处决殆尽，但近年来，乘着经济危机和国家政治状态萧条时再次开始活跃。年轻人的失业率很高，收入不稳定，所以年轻人群在 30 岁以前基本都是和父母住在一起，导致他们比北欧国家的年轻人独立安家的年龄要晚很多。

我在意大利的寄宿家庭并不住在罗马的古城里，而是住在罗马市的港口区 Ostia，这里曾是古罗马帝国的重要港口城市，所有的战舰商船都会在此停泊。这里还有古罗马帝国时代的建筑遗迹“ostia antica”，简直像个小小的庞贝古城。如果从罗马驾车而来，只需要 20 分钟左右的车程，你便能暂避罗马的喧嚣，感受地中海带给你的宁静与安详。但是在盛夏的时候，这里的沙滩成为罗马人的天然浴场，人头攒动。你可以从 pyramide 乘坐 lido 方向的地铁，在 lido centrale 下车后，步行十分钟就能到达海边。我们常常会在饭后来海边散步，每当和家人（友人）一起散步时，我都会情不自禁地拿起相机拍摄夕阳西下的美景。夕阳把天空染成五颜六色，心绪也跟着海浪声此起彼伏。这真是一个放下疲惫、愉悦心情的好地方。有时，我也会一个人来这里，点一杯咖啡，坐在沙滩的躺椅上，吹着海风，听着意大利的老歌，欣赏着眼前的海天一色。心情饱满的我，不由自主地拿出笔记本，为这本书的某个章节再写上几句，此时此刻，遐想无限，永恒定格。

无论拿着本书在梵蒂冈“街区”寻找艺术珍品的你，还是跳过围墙在车水马龙的罗马街头彷徨的你，作者在此祝福你早日寻觅到属于自己的精神伊甸园。

献给远在罗马的 Carla Cristina

感谢你们曾在本书的撰稿之际带给我亲如家人般的照顾。

图书在版编目（C I P）数据

漫步梵蒂冈博物馆 / 胡毅涵著 . -- 南昌 : 江西美术出版社，2018.3

ISBN 978-7-5480-5831-1

Ⅰ . ①漫… Ⅱ . ①胡… Ⅲ . ①博物馆－介绍－梵蒂冈Ⅳ . ① G269.547

中国版本图书馆 CIP 数据核字 (2017) 第 304422 号

出 品 人 : 周建森

责任编辑 : 方　姝　朱倩文

责任印制 : 张维波　谭　勋

书籍设计 : 韩　超　先鋒設計 PIONEER DESIGN

# 漫步梵蒂冈博物馆

Rambling in the Musuem of Vatican

艺术之旅微笔记系列

著　　者 : 胡毅涵

出　　版 : 江西美术出版社

地　　址 : 南昌市子安路 66 号江美大厦

网　　址 : jxfinearts.com

电子邮箱 : jxms163@163.com

电　　话 : 0791-86566309

邮　　编 : 330025

经　　销 : 全国新华书店

印　　刷 : 浙江海虹彩色印务有限公司

版　　次 : 2018 年 3 月第 1 版　　印　　次 : 2018 年 3 月第 1 次印刷

开　　本 : 889 毫米 × 1194 毫米　1/32　　印　　张 : 7

书　　号 : ISBN 978-7-5480-5831-1

定　　价 : 58.00 元